**Kauderwelsch**
**Band 131**

Turm in Prilep

# Impressum

Elena Engelbrecht
**Mazedonisch/Makedonisch – Wort für Wort**
erschienen im
Reise Know-How Verlag Peter Rump GmbH
Osnabrücker Str. 79, D-33649 Bielefeld


3. neu bearbeitete Auflage 2009


*Bearbeitung* Elfi Gilissen, Peter Rump
*Umschlag* Peter Rump
*Layout-Konzept* Günter Pawlak, FaktorZwo! Bielefeld
*Layout* Peter Rump
*Fotos* Saskia Drude (S. 2, 10, 26/27, 92, 97, 98, 148, 155, 192)
Tomáš Míček (S. 106, 183)
Fotografen@fotolia.com (Namensangabe siehe jeweils auf Seite 1, 8/9, 113, 157, 160, 186)
*Druck und Bindung* Fuldaer Verlagsanstalt GmbH & Co. KG, Fulda

**ISBN 978-3-89416-494-2**
Printed in Germany

Dieses Buch ist erhältlich in jeder Buchhandlung Deutschlands, Österreichs, der Schweiz und der Benelux-Staaten. Bitte informieren Sie Ihren Buchhändler über folgende Bezugsadressen:

*Deutschland* Prolit GmbH, Postfach 9, 35461 Fernwald (Annerod) sowie alle Barsortimente
*Schweiz* AVA-buch 2000, Postfach 27, CH-8910 Affoltern
*Österreich* Mohr Morawa Buchvertrieb GmbH, Sulzengasse 2, A-1230 Wien
*Belgien & Niederlande* Willems Adventure, www.willemsadventure.nl
*direkt* Wer im Buchhandel kein Glück hat, bekommt unsere Bücher zuzüglich Porto- und Verpackungskosten auch direkt über unseren Internet-Shop: ***www.reise-know-how.de.***

Zu diesem Buch ist ein **AusspracheTrainer** erhältlich, auf **Audio-CD** in jeder Buchhandlung Deutschlands, Österreichs, der Schweiz und der Benelux-Staaten oder als **MP3-Download** unter ***www.reise-know-how.de***

Der Verlag möchte die **Reihe Kauderwelsch** weiter ausbauen und **sucht Autoren!** Mehr Informationen finden Sie unter ***www.reise-know-how.de/rkh_mitarbeit.php***

Kauderwelsch

Elena Engelbrecht

# Mazedonisch/Makedonisch

Wort für Wort

REISE
KNOW-HOW

## Kauderwelsch-Sprechführer sind anders!

Warum? Weil sie Sie in die Lage versetzen, wirklich zu sprechen und die Leute zu verstehen.

Wie wird das gemacht? Abgesehen von dem, was jedes Sprachbuch bietet, nämlich Vokabeln, Beispielsätze etc., zeichnen sich die Bände der Kauderwelsch-Reihe durch folgende Besonderheiten aus:

Die **Grammatik** wird in einfacher Sprache so weit erklärt, dass es möglich wird, ohne viel Paukerei mit dem Sprechen zu beginnen, wenn auch nicht gerade druckreif.

Alle Beispielsätze werden doppelt ins Deutsche übertragen: zum einen **Wort-für-Wort**, zum anderen in „ordentliches" Hochdeutsch. So wird das fremde Sprachsystem sehr gut durchschaubar. Denn in einer fremden Sprache unterscheiden sich z. B. Satzbau und Ausdrucksweise recht stark vom Deutschen. Ohne diese Übersetzungsart ist es so gut wie unmöglich, schnell einzelne Wörter in einem Satz auszutauschen.

Die **Autorinnen** und **Autoren** der Reihe sind Globetrotter, die die Sprache im Land selbst gelernt haben. Sie wissen daher genau, wie und was die Leute auf der Straße sprechen. Deren Ausdrucksweise ist nämlich häufig viel einfacher und direkter als z. B. die Sprache der Literatur oder des Fernsehens.

Besonders wichtig sind im Reiseland **Körpersprache, Gesten, Zeichen** und **Verhaltensregeln**, ohne die auch Sprachkundige kaum mit Menschen in guten Kontakt kommen. In allen Bänden der Kauderwelsch-Reihe wird darum besonders auf diese Art der nonverbalen Kommunikation eingegangen.

**Kauderwelsch-Sprechführer sind keine Lehrbücher, aber viel mehr als Sprachführer!** Wenn Sie ein wenig Zeit investieren und einige Vokabeln lernen, werden Sie mit ihrer Hilfe in kürzester Zeit schon Informationen bekommen und Erfahrungen machen, die „taubstummen" Reisenden verborgen bleiben.

# Inhalt

## Anhang

Nace Popov@fotolia.com

Trpejca am Oridsee

# Vorwort

Aus welchem Grund auch immer Sie sich auf die Reise nach Makedonien (auch Mazedonien) begeben oder sich zu Hause mit der Landessprache Makedonisch (auch Mazedonisch) beschäftigen, dies Büchlein wird Ihnen ermöglichen, sich im Lande selbst weitestgehend unabhängig von fremder Hilfe zu bewegen.
Wirkliche Unabhängigkeit erreicht man nun einmal nur, mit dem Erwerb einiger Sprachkenntnisse. Ohne zu akademischer Perfektion führen zu wollen, bleibt es jedem selbst überlassen, bis zu welchem Grad der „Sprachbeherrschung" er gelangen möchte. Dazu gibt es hier typische Gesprächssituationen und – weil es leider nicht anders geht, auch die wichtigsten Regeln der Grammatik. Sie werden sehr schnell merken, dass Ihnen bereits einige Makedonischkenntnisse Tür und Tor und manchmal auch Herzen öffnen können und Sie Land und Leute hautnah erleben lassen, während den sogenannten stummen Besuchern des Landes vieles, wenn nicht alles verschlossen bleibt. Nicht zu den „Stummen" zu gehören ist vor allem auch eine Frage, inwieweit man sich persönliche Vorteile vor Sprachunkundigen verschaffen will.

Saskia Drude

Basar in Skopje

Makedonisch gehört zur östlichen Gruppe der südslawischen Sprachen und wird noch in Ostalbanien, Nordgriechenland und Südwestbulgarien gesprochen. Da sich die südslawischen Sprachen trotz aller sprachlichen Differenzierung noch relativ nahe stehen, ermöglichen Kenntnisse des Makedonischen zum Beispiel auch ein problemloses Zurechtkommen im Bulgarischen sowie eine Grundverständigung im Serbischen und erweitern so Ihren Aktionsradius.

*Um beiden Bezeichnungen gerecht zu werden, spricht der Umschlag auch von „Mazedonisch". Im weiteren Buch ist nur noch von „Makedonisch" die Rede.*

Genug motiviert? Dann brauchen Sie nur noch die Gebrauchshinweise über sich ergehen zu lassen und der Einstieg ins Makedonische kann beginnen. Ich wünsche Ihnen viel Spaß beim Lernen und Erfolg in und bei der Anwendung.

# Hinweise zur Benutzung

Diesen Sprechführer habe ich so angelegt, dass Sie möglichst schnell, bereits bei der Lektüre, in die Lage versetzt werden, wirklich zu sprechen und eine kleine Unterhaltung zu führen. Was hier über die Sprache, das Land und dessen Bewohner gesagt wird, soll nicht nur informieren, sondern auch motivieren, damit das Lernen Spaß macht und man sich mit Neugier und Spannung auf die Reise begibt.

**Aussprache** Bei der „Bewältigung" des Buches beginnt man am besten mit der Aussprache, da sie die Grundlage des Lernens darstellt.

**Grammatik** Danach kommt die Grammatik. Sie ist wie eine Festung, die erobert werden muss. Es gibt aber keine Möglichkeit, in alle Räume vorzudringen. Deshalb habe ich die wichtigsten ausgewählt. Verschaffen Sie sich auch bei diesen zunächst nur einen Überblick und beginnen Sie nicht sofort mit der geistigen „Aneignung". Dieser Überblick ermöglicht aber einzuschätzen, wo und wann Probleme in der Grammatik zu erwarten sind.

**Konversation** So gerüstet kann man jetzt getrost mit dem Kommunikationsteil loslegen. Und wer hier auf Schwierigkeiten stößt, sollte nun gezielt in der Grammatik nachschlagen. Falls aber immer noch Unklarheiten bestehen, stellt man die Fragen am besten im Lande selbst. Damit lassen sich auch ganz geschickt Gespräche anfangen.

**Wort-für-Wort-Übersetzung**

Damit Sie die Wortfolge in den makedonischen Beispielsätzen nachvollziehen können, ist eine Wort-für-Wort-Übersetzung in kursiver Schrift ergänzt. Jedem makedonischen Wort entspricht ein Wort in der Wort-für-Wort-Übersetzung. Wörter, die in Klammern stehen, sind für das Verständnis ergänzt worden, z.B.:

**úbawo e da tschítasch knígi.**
*schön ist Bw liest(du) Bücher*
Es ist schön, Bücher zu lesen.

Wird ein makedonisches Wort im Deutschen durch zwei Wörter übersetzt, werden diese zwei Wörter in der Wort-für-Wort-Übersetzung mit einem Bindestrich verbunden, z.B.:

**móreto e póubawo od planínata.**
*Meer-das ist schöneres als Gebirge-das*
Das Meer ist schöner als das Gebirge.

Mit Hilfe der Wort-für Wort-Übersetzung können Sie die Beispielsätze leicht Ihren eigenen Bedürfnissen anpassen. Selbst wenn die Ergebnisse nicht immer perfekt ausfallen, wird man Sie gewiss verstehen.

**Wörterliste**

Die Wörterlisten am Ende des Buches helfen Ihnen dabei. Sie enthalten einen Grundwortschatz Deutsch-Makedonisch und Makedonisch-Deutsch von je ca. 1.000 Wörtern, mit denen man schon eine Menge anfangen kann.

**Umschlagklappe**

Die Umschlagklappe hilft, die wichtigsten Sätze und Formulierungen stets parat zu haben. Hier finden sich schnell die wichtigsten Angaben zur Aussprache und eine kleine Liste der wichtigsten Fragewörter, Richtungs- und Zeitangaben.
Aufgeklappt ist der Umschlag eine wesentliche Erleichterung, da nun die gewünschte Satzkonstruktion mit dem entsprechenden Vokabular aus den einzelnen Kapiteln kombiniert werden kann.

Wenn alles nicht mehr weiterhilft, dann ist vielleicht das Kapitel „Nichts verstanden? Weiterlernen!" der richtige Tipp. Es befindet sich ebenfalls im Umschlag, stets bereit, mit der richtigen Formulierung für z. B. „Ich verstehe leider nicht." oder „Können Sie das bitte wiederholen?" auszuhelfen.

**Seitenzahlen**

*Um Ihnen den Umgang mit den Zahlen zu erleichtern, wird auf jeder Seite die Seitenzahl auch in Makedonisch angegeben!*

# Das Makedonische

Das Makedonische bedient sich in seiner schriftlichen Form – wie die Sprachen der anderen orthodoxen Slawen – des kyrillischen Alphabets. Dieses Alphabet wurde im 9. Jh. von zwei Brüdern, den Slawenaposteln Kyrill und Method geschaffen und hat seine weiteste Verbreitung durch das Russische erfahren, weshalb der Irrtum verbreitet ist, dass es sich um das „russische Alphabet" handeln würde. Die Besonderheiten des Makedonischen haben zu einigen speziellen Abwandlungen dieses Alphabets geführt. Heute folgt die Schreibweise der Wörter weitestgehend der Aussprache, was auch für den Ausländer einen Vorteil darstellt.

Der 24. Mai wird wie im Nachbarland Bulgarien zu Ehren der Schöpfer des kyrillischen Alphabets als Feiertag begangen.

Dieses vielgerühmte Alphabet (siehe rechts) habe ich im vorliegenden Büchlein weitgehend vermieden, aber stets dort zusätzlich verwendet, wo es um wichtige Sätze und Wörter geht. Damit besteht auch die Möglichkeit, in entscheidenden Situationen – um Missverständnisse auszuschließen und schnell zum Ziel zu kommen – das Wort oder den ganzen Satz einem Einheimischen zum Selberlesen vorzulegen.

| | |
|---|---|
| А а | **a** |
| Б б | **b** |
| В в | **w** |
| Г г | **g** |
| Д д | **d** |
| Ѓ ѓ | **gj** |
| Е е | **e** |
| Ж ж | **sh** |
| З з | **s** |
| Ѕ ѕ | **ds** |
| И и | **i** |
| Ј ј | **j** |
| К к | **k** |
| Л л | **l** |
| Љ љ | **lj** |
| М м | **m** |
| Н н | **n** |
| Њ њ | **nj** |
| О о | **o** |
| П п | **p** |
| Р р | **r** |
| С с | **ß** |
| Т т | **t** |
| Ќ ќ | **kj** |
| У у | **u** |
| Ф ф | **f** |
| Х х | **ch** |
| Ц ц | **z** |
| Ч ч | **tsch** |
| Џ џ | **dsh** |
| Ш ш | **sch** |

# Aussprache & Betonung

Die makedonische Schriftsprache basiert auf phonetischer Grundlage – jeder Laut hat sein eigenes schriftliches Zeichen, also seinen Buchstaben. Und das sind insgesamt 31. Es kann also nichts schiefgehen – es wird so gesprochen wie geschrieben.

## Selbstlaute

Die makedonischen Selbstlaute gibt es auch im Deutschen: **a, e, i, o, u.** Sie klingen aber irgendwie anders. "Typisch deutsch" klingen sie am Wortende oder das verschluckte **e**.

Am Schluss: stoppen!

| | |
|---|---|
| **Wéra**, | nicht WeeerAAAH |
| **Míle**, | nicht Miele |
| **Eléna,** | nicht Helenaaa |
| **Bránko,** | nicht BrannkOOOH |

**Selbstlaute nach mehreren Mitlauten**

Allerdings bereitet die Aussprache Schwierigkeiten bei den Wörtern, in denen den Selbstlauten mehrere aufeinanderfolgende Mitlaute vorausgehen oder sich anschließen. In solchen Fällen wird vor oder nach dem **r** ein gehauchter dunkler Laut gesprochen, etwa wie in Mutt**e**r.

Während für diesen Laut im Russischen und Bulgarischen ein sogenanntes Härtezeichen ъ im Alphabet existiert, gibt es dafür im Makedonischen keinen Buchstaben.

*Das kyrillische „Härtezeichen" ъ existiert im makedonischen Alphabet nicht.*

Deshalb wird in diesem Sprachführer auf diesen gehauchten Laut vor dem **r** durch einen Apostroph ' hingewiesen. So wird
**z'rkwa** (= Kirche) wie **zerkwa** gesprochen.

| | | | |
|---|---|---|---|
| **z'rn** | schwarz | **z'rwen** | rot |

**Doppelte Selbstlaute**

Doppelte Selbstlaute werden lang gesprochen, genau wie im Deutschen See und Saal (nur dann getrennt, wenn einer der beiden Selbstlaute betont ist).

| | | |
|---|---|---|
| **wíkaa** | rufen | (gesprochen **wikah**) |
| aber: | | |
| **grée** | scheinen | (gesprochen **gre-e**) |

## Mitlaute

Wie im „richtigen“ Leben hat jeder stimmhafte Mitlaut einen passenden stimmlosen Partner.

| stimmhaft | **b** | **w** | **g** | **d** | **gj** |
|---|---|---|---|---|---|
| stimmlos | **p** | **f** | **k** | **t** | **kj** |
| stimmhaft | **sh** | **s** | **ds** | **dsh** | |
| stimmlos | **sch** | **ß** | **z** | **tsch** | |

Nur das stimmlose **ch** ist ein ewiger Junggeselle und kommt in der makedonischen Sprache selten vor.

Ein Rollentausch (mit wenigen Ausnahmen!) findet statt, sobald ein stimmhafter Partner vor einem stimmlosen Mitlaut steht, dann verwandelt sich der stimmhafte Mitlaut in einem stimmlosen; aber auch umgekehrt. So wird eine Balance in dieser phonetischen Beziehung erreicht.

| **ßnéshen** | **ßnéschko** |
|---|---|
| verschneit | Schneemann |
| **résok** | **réßko** |
| herb | herber (Wein) |
| **wrábez** | **wráptsche** |
| Spatz | Spätzchen |

**Mitlaute am Wortende**

Im Auslaut werden alle stimmhaften Mitlaute stimmlos, also hart gesprochen, genauso wie zum Beispiel bei den deutschen Wörtern Leib und Leid.

| | | |
|---|---|---|
| **leb** | (= lep) | Brot |
| **grad** | (= grat) | Stadt oder Hagel |
| **mras** | (= mraß) | Frost |
| **med** | (= met) | Honig |
| **led** | (= let) | Eis (nicht zum Essen) |

## Lautschrift

Im allgemeinen ist für den deutsch Sprechenden die Aussprache der makedonischen Laute nicht schwer. Außerdem habe ich statt der Verwendung der kyrillischen Schrift Buchstaben des lateinischen Alphabets benutzt, die beim Lesen der makedonischen Wörter und Sätze keine zusätzlichen Schwierigkeiten bereiten, weil alles wie deutsche Wörter lesbar ist. Das Erlernen einer besonderen Lautschrift ist somit nicht notwendig. Apropos „Laut"-Schrift: Die beste Übung und Vorbereitung fürs richtige Sprechen ist das laute Lesen aller fremden Wörter.

***Groß oder klein?***

*Im Makedonischen wird der Satzanfang groß geschrieben. Da hier aber eine Lautschrift verwendet wird, habe ich alles klein geschrieben.*
*Wichtige Wörter, Redewendungen und Sätze erscheinen zusätzlich in kyrillischer Schrift, damit diese schnell von Makedoniern selbst gelesen werden können.*

## Selbstlaute

| | | |
|---|---|---|
| а | **a** | kurzes betontes "a" wie in Mama **máma** (Mama) |
| е | **e** | der Selbstlaut "e" wird immer offen und deutlich ausgesprochen wie in Bett **légenda** (Legende) |
| и | **i** | kurzes offenes „i" wie in Bild **ígra** (Spiel), **mir** (Frieden) Wichtig! Die Kombination „ie" wird immer getrennt gesprochen wie in die Knie(Mz) **iswinénie** (Entschuldigung) |
| j | **j** | 1. nach Selbstlaut, wie das "i" in Mai **maj** (Mai), **májstor** (Meister) 2. wie ein Mitlaut in Jod **jod** (Jod), **juni** (Juni) |
| о | **o** | der Selbstlaut "o" wird immer offen gesprochen wie in offen **órgan** (Organ), **ópera** (Oper) |

## Mitlaute

| | | |
|---|---|---|
| в | **w** | immer wie "w" in Wald **wiz** (Witz) |
| г | **g** | wie in Gott **gódina** (Jahr) |
| ѓ | **gj** | weich gesprochen **lúgje** (Menschen) |
| ж | **sh** | stimmhaftes "sch" wie in Etage **shíwot** (Leben) |

| | | |
|---|---|---|
| з | **s** | immer stimmhaft wie in Rose **sab** (Zahn) |
| ѕ | **ds** | „d" wird wie in Dach und „s" wie in Rose zusammengesprochen, wobei jeder Laut deutlich für sich zu hören ist **dswésda** (Stern), **dsid** (Mauer) |
| л | **l** | 1. vor „e" und "i" wie im Deutschen Leben **lípa** (Linde)<br>2. sonst hartes „l" – die Zunge wird kräftig an den Gaumen hinter den oberen Schneidezähnen gedrückt **lókal** (Lokal) |
| љ | **lj** | immer weiches „l" wie in Lübeck **ljúbow** (Liebe) |
| н | **n** | wie in Norm **nórma** (Norm) |
| њ | **nj** | Es gibt kein makedonisches Wort, das mit „nj" beginnt **bánja** (Bad), **konj** (Pferd) |
| р | **r** | gerolltes Zungenspitzen-"r" **mármalad** (Marmelade) |
| с | **ß** | immer stimmlos wie in Messe; auch zwischen zwei Selbstlauten wird „ß" stimmlos gesprochen; **ßúma** (Summe), **óßoba** (Person) |
| ќ | **kj** | weich gesprochen **kjílim** (Teppich), **nokj** (Nacht), **kjérka** (Tochter) |

*Wichtig! In Kombinationen wie* **ßt** *und* **ßp** *bleibt das "***ß***" immer stimmlos wie in Rastplatz:* **ßtádion** *(Stadion),* **ßpezijalitét** *(Spezialität)*

| | | |
|---|---|---|
| х | **ch** | vor Mitlaut wie in ach **chrána** (Nahrung) zwischen zwei Selbstlauten wie in lachen **dóchod** (Einkommen) |
| ц | **z** | wie in Zahn **zéna** (Preis), **zéntar** (Zentrum) |
| ч | **tsch** | wie in Deutsch **tschánta** (Tasche), **zw'rtschenje** (Zwitschern) |
| џ | **dsh** | stimmhaft wie in Dschungel (die Wörter mit „dsh“ stammen meistens aus dem Türkischen) **dshíger** (Leber) |
| ш | **sch** | wie in Scherz **schéga** (Scherz) |

Alle anderen Laute werden wie im Deutschen ausgesprochen. Die Begegnungen mit den Makedoniern werden Ihnen helfen, Betonung und Aussprache immer besser zu beherrschen.

## Betonung

*In der Lautschrift dieses Buches wird die betonte Silbe durch einen Akzent gekennzeichnet.*

Abgesehen von wenigen Ausnahmen ist die Betonung im Makedonischen sehr einfach:

- Auf der ersten Silbe liegt die Betonung bei den zwei- und dreisilbigen Wörtern.

● Bei den meisten mehr als dreisilbigen Wörtern springt die Betonung auf die drittletzte Silbe.

| | |
|---|---|
| **tátko** | Vater |
| **tátkowzi** | Väter |
| **tatkówzite** | Väter-die |
| **tatkowínata** | Vaterland-das |

Die Fremdwörter in der makedonischen Sprache behalten ihre angestammte Betonung aus der Herkunftssprache bei.

| | |
|---|---|
| **restorán** | Restaurant |
| **apetít** | Appetit |
| **apél** | Appell |

**Kauderwelsch-AusspracheTrainer**
*Falls Sie sich die wichtigsten makedonischen Sätze, die in diesem Buch vorkommen, einmal von einem Einheimischen gesprochen anhören möchten, kann Ihnen Ihre Buchhandlung den* ***AusspracheTrainer (Audio-CD)*** *zu diesem Buch besorgen. Sie bekommen ihn auch über unseren Internetshop* ***www.reise-know-how.de*** *Dort steht der* ***AusspracheTrainer*** *auch als* ***MP3-Download*** *zur Verfügung.*
*Alle Sätze, die Sie auf dem* ***AusspracheTrainer*** *hören können, sind in diesem Buch mit einem 👂 gekennzeichnet.*

# Wörter, die weiterhelfen

Man ist gerade angekommen, hat noch keine Erfahrung mit der makedonischen Sprache und möchte etwas zu essen suchen oder wissen, wo sich z.B. ein Hotel befindet. Die folgenden Beispiele ermöglichen sofort den Start in der neuen Sprache und die Erfüllung der dringlichsten Wünsche.

| **iswínete** | **Entschuldigen Sie!** |
|---|---|

Wenn man dieses Wort anwendet, wird jeder sofort zuhören und man kann beginnen, Fragen zu stellen:

| **káde íma ...?** | **Wo gibt es ...?** |
|---|---|

| | |
|---|---|
| **menuwátschniza** | Wechselstube |
| **bánka** | Bank |
| **chótel** | Hotel |
| **tákßi** | Taxi |
| **reßtoránt** | Restaurant |
| **bólniza** | Krankenhaus |
| **polízija** | Polizei |
| **bénsinßka púmpa** | Tankstelle |
| **áutoßerwiß** | Autoreparaturwerkstatt |
| **tóalet** | Toilette |

**iswinéte, káde íma tóalet?**
*entschuldigen(Sie), wo gibt(es) Toilette*
Entschuldigung, wo ist die Toilette?

**íma li ßlóbodna ßóba?**
*gibt(es) ? Zimmer frei*
Haben Sie noch ein Zimmer frei?

**káde íma néschto sa jádenje?**
*wo gibt(es) etwas zu essen*
Wo gibt es etwas zu essen?

*Man sollte sich von vornherein darauf einstellen, verschiedene Personen fragen zu müssen. Die Antworten sind zwar meistens gut gemeint, aber nicht selten sehr unpräzise.*

**íma li ...? — Gibt es ...?**

Diese Fragen können mit jedem gewünschten Wort (siehe auch Wörterliste im Anhang) gebildet werden. Man erhält dann zumindest eine dieser Antworten:

| | |
|---|---|
| **ßlóbodna ßóba** | freies Zimmer |
| **káfe** | Kaffee |
| **tschaj** | Tee |
| **míneralna wóda** | Mineralwasser |
| **píwo** | Bier |
| **néschto sa jádenje** | etwas zu Essen |

**da, (ima) — ja, (es gibt)**

**ne, (néma) — nein, (es gibt nicht)**

Saskia Drude

Nussverkäfer in Ohrid

# Hauptwörter

## Geschlecht

Das Geschlecht der Hauptwörter entspricht nicht immer dem Geschlecht des entsprechenden deutschen Wortes. Aber die Geschlechter der makedonischen Hauptwörter ganz einfach an ihren Endungen zu erkennen:

### männlich:

der letzte Buchstabe ist ein Mitlaut.
**éden** (ein),
**ßtudént** (Student),
**príjatel** (Freund)

### weiblich:

der letzte Buchstabe ist ein **-a.**
**édna** (eine),
**ßóba** (Zimmer),
**máßa** (Tisch)

### sächlich:

der letzte Buchstabe ist **-e** oder **-o.**
**édno** (ein),
**mómitsche** (Mädchen),
**ßélo** (Dorf)

## Mehrzahl

Bei der Bildung der Mehrzahl gibt es noch weniger Unterschiede:

| männlich: **i**-Endung | weiblich: **i**-Endung | sächlich: **a**-Endung |
|---|---|---|
| **ßtudénti** | **ßóbi** | **momítschinja** |
| (die)Studenten | (die)Zimmer | (die)Mädchen |
| **prijáteli** | **máßi** | **ßéla** |
| (die)Freunde | (die)Tische | (die)Dörfer |

## Ausnahmen

Einsilbige männliche Hauptwörter erhalten in der Mehrzahl die Endung -**owi** oder -**ewi:**

| | | | |
|---|---|---|---|
| **nosh** | Messer | **nóshewi** | Messer (Mz) |
| **wol** | Ochse | **wólowi** | Ochsen |
| **den** | Tag | **dénowi** | Tage |

Ein wichtiges Wort mit unregelmäßiger Mehrzahlbildung:

**tschówek** Mensch **lúgje** Menschen

Spricht man allerdings von einer Vielzahl Menschen, so kann man die volkstümliche Ausdrucksweise verwenden:

**mnógu národ** viel Volk

## Artikel

Es lohnt sich auf jeden Fall, den makedonischen Artikeln etwas mehr Zeit und Geduld zu widmen, denn diese sind eher interessant, als das diese schwierig sind.

Wie im Deutschen richtet sich der Artikel eines Hauptwortes nach Geschlecht und Zahl und – man höre und staune! – auch nach der räumlichen Entfernung eines Objektes in bezug auf die berichtende Person.

Der Artikel steht im Makedonischen stets am Ende des Hauptwortes und ist mit diesem verschmolzen. Die folgenden Beispiele zeigen die unterschiedliche Handhabung der Artikel:

**tschówek** (ein Mensch): Irgendein Mensch, eine unbestimmte, nicht anwesende Person erhält keinen Artikel
**tschówekot** (der Mensch): Eine bestimmte, anwesende und han delnde Person erhält den Artikel **-ot** (der)
**tschówekow** (dieser Mensch): Eine Person, die in unmittelbarer Nähe der berichtenden Person steht, erhält den Artikel **-ow**; eine Kurzform der beiden hinweisenden Fürwörter **ówoj** (dieser) und **ówde** (hier)
**tschówekon** (jener Mensch): Eine Person, die bezüglich der berich tenden Person etwas weiter entfernt, aber noch sichtbar ist, wird mit dem Artikel **-on** verknüpft; eine Kurzform der hinweisenden Für wörter **ónoj** (jener) und **ónamu** (dort, hin)

# Hauptwörter

*Es ist wichtig, sich insbesondere immer die männliche Form in der Einzahl einzuprägen, denn diese ist die Grundform, an die je nach Geschlecht, Einzahl oder Mehrzahl eine Endung angehängt wird.*

## Einzahl

| männlich | weiblich | sächlich |
|---|---|---|
| **mash**<br>Mann | **shéna**<br>Frau | **déte**<br>Kind |
| **máshot**<br>der Mann | **shénata**<br>die Frau | **déteto**<br>das Kind |
| **máshow**<br>dieser Mann | **shénawa**<br>diese Frau | **détewo**<br>dieses Kind |
| **máshon**<br>jener Mann | **shénana**<br>jene Frau | **déteno**<br>jenes Kind |

## Mehrzahl

| männlich | weiblich | sächlich |
|---|---|---|
| **máshi**<br>Männer | **shéni**<br>Frauen | **déza**<br>Kinder |
| **máshite**<br>die Männer | **shénite**<br>die Frauen | **dézata**<br>die Kinder |
| **máshiwe**<br>diese Männer | **shéniwe**<br>diese Frauen | **dézawa**<br>diese Kinder |
| **máshine**<br>jene Männer | **shénine**<br>jene Frauen | **dézana**<br>jene Kinder |

Die folgenden Beispiele zeigen die vielfältige Verwendungsweise der Artikel.

**úbawo e da tschítasch knígi.**
*schön ist Bw (du)liest Bücher*
Es ist schön, Bücher zu lesen.
*(es handelt sich um unbestimmte Bücher)*

**knígata e úbawa.**
*Buch-das ist schön*
Das Buch ist schön.
*(es handelt sich um ein bestimmtes Buch)*

**daj mi ja knígana!**
*gib mir das Buch-jenes*
Gib mir das Buch!
*(jenes Buch, das von uns beiden etwas abseits liegt)*

**daj mi ja knígata!**
*gib mir das Buch-das*
Gib mir das Buch!
*(das Buch, das Du gerade in der Hand hälst, das neben Dir liegt)*

**na ti ja knígawa!**
*nimm dir das Buch-dieses*
Nimm das Buch!
*(dieses Buch, das neben mir liegt)*

**Eigennamen mit Artikel**

Im makedonischen Sprachgebrauch können auch Eigennamen (von Personen, Ortschaften, Flüssen, Bergen) einen Artikel erhalten. Statt des männlichen Namens **Stojan** kann man also auch **Stojanot** hören. Damit bringt der Sprecher seine Wut auf Stojan zum Ausdruck:

**pußt da e Stojanot!**
*wüster Bw ist Stojan-der*
Ich verfluche dich Stojan!

**Wut & Schmerz**

Mit Wut und Schmerz wünscht sich der Betroffene, dass Skopje aus seinen Augen verschwindet, weil er hier etwas Schlechtes erlebt hat, weil ihm hier seine Freundin davongelaufen ist, er in der Stadt keine Arbeit fand oder ihm in Skopje sein Auto gestohlen wurde. Und der Fluss Vardar soll austrocknen, weil hier kein Fisch anbeißen will:

**aj da ti ße ßnéwidi Skópjewo!**
*aj (Ausruf) Bw dir sich mitnichtsieht Skopje-dieses*
Ich verfluche/ich pfeife auf dieses Skopje!

**aj da ti ße sápußti Wárdarot!**
*aj (Ausruf) Bw dir sich verödet Vardar-der*
Trockne aus du, Vardar!

**Beleidigung, Unmut, Ironie & Intimität**

Auch Beleidigung, Unmut, Ironie und Intimität können bei Eigennamen mit dem Artikel zum Ausdruck gebracht werden.

**Mára** (weiblicher Eigenname)
**Máre** (Anredeform)

**Máre, dójdi túka!** (Niemals **Mára** als Anrede!)
*Mare, (du)komm her*
Mara, komm her!

**Máreto**
(vertraute, intime Beziehung ausdrückend)

**dóbro ja snam Máreto.**
*gut sie kenne(ich) Mara-das*
Ich kenne Mara gut.

aber:

**ne ja snam Mára.**
*nicht sie kenne(ich) Mara*
Ich kenne Mara nicht.
(Diese Mara sagt mir nichts.)

## Zusammengesetzte Hauptwörter

Wenn zwei miteinander verbundene Wörter eine neue, selbständige Bedeutung ergeben, werden sie wie im Deutschen gebildet und zusamengeschrieben:

**rakowóditel** (Handleiter)
aus **ráka** (Hand)
und **wóditel** (Leiter)
= jemand, der Anweisungen mit der Hand gibt: (Abteilungs)leiter, (Betriebs)leiter

**glawobólija** (Kopfschmerzen)
aus **gláwa** (Kopf) und **bol** (Schmerz)

**otschéwidez** (Augenzeuge)
aus **óko** (Mz. **ótschi**) (Auge)
und dem Verb **wídi** (sehen)

Ansonsten werden Hauptwörter mit **na** oder **sa** verknüpft.

**tschlen na ßeméjßtwoto**
*Mitglied auf Familie*
Familienmitglied

**wréme na poágjanje**
*Zeit auf Fahren*
Fahrzeit

**kóla sa spíenje**
*Wagen für Schlafen*
Schlafwagen

**ßrédßtwo sa ßpíenje**
*Mittel für Schlafen*
Schlafmittel

# Eigenschaftswörter

Auch im Makedonischen richtet sich das Geschlecht eines Eigenschaftswortes nach dem Geschlecht des dazugehörigen Hauptwortes. Verdeutlichen wir uns die Beugung anhand des Wörtchens **úbaw** (schön):

| | Einzahl | | Mehrzahl | |
|---|---|---|---|---|
| männlich | **úbaw** | Endung = Mitlaut | **úbawi** | Endung **-i** |
| weiblich | **úbawa** | Endung **-a** | **úbawi** | Endung **-i** |
| sächlich | **úbawo** | Endung **-o** | **úbawi** | Endung **-i** |

| | | |
|---|---|---|
| **úbaw ßtudént** | **úbawa ßóba** | **úbawo mómitsche** |
| schöner Student | schönes Zimmer | schönes Mädchen |
| **úbawi ßtudénti** | **úbawi ßóbi** | **úbawi mómitschinja** |
| schöne Studenten | schöne Zimmer | schöne Mädchen |
| **úbaw príjatel** | **úbawa máßa** | **úbawo ßélo** |
| schöner Freund | schöner Tisch | schönes Dorf |
| **úbawi príjateli** | **úbawi máßi** | **úbawi ßéla** |
| schöne Freunde | schöne Tische | schöne Dörfer |

Wenn zu dem Eigenschaftswort und dem Hauptwort noch ein Artikel tritt, so wird er nicht wie sonst üblich ans Ende des Hauptwortes gehängt, sondern ans Ende des Eigenschaftswortes, und zwar nach den gleichen Regeln wie beim Hauptwort.

## Einzahl

| männlich | weiblich | sächlich |
|---|---|---|
| **ubáwiot mash** | **ubáwata shéna** | **ubáwoto déte** |
| *schön-der Mann* | *schön-die Frau* | *schön-das Kind* |
| der schöne Mann | die schöne Frau | das schöne Kind |
| **ubáwiow mash** | **ubáwawa shéna** | **ubáwowo déte** |
| *schön-dieser Mann* | *schön-diese Frau* | *schön-dieses Kind* |
| dieser schöne Mann | diese schöne Frau | dieses schöne Kind |
| **ubáwion mash** | **ubáwana shéna** | **ubáwono déte** |
| *schön-jener Mann* | *schön-jene Frau* | *schön-jene Kind* |
| jener schöne Mann | jene schöne Frau | jenes schöne Kind |

*Der Artikel kann natürlich gestrichen werden, wenn z.B. Fürwörter oder Zahlwörter ergänzt werden.*

## Mehrzahl

| männlich | weiblich | sächlich |
|---|---|---|
| **ubáwite máshi** | **ubáwite shéni** | **ubáwite déza** |
| *schön-die Männer* | *schön-die Frauen* | *schön-die Kinder* |
| die schönen Männer | die schönen Frauen | die schönen Kinder |
| **ubáwiwe máshi** | **ubáwiwe shéni** | **ubáwiwe déza** |
| *schön-diese Männer* | *schön-diese Frauen* | *schön-diese Kinder* |
| diese schönen Männer | diese schönen Frauen | diese schönen Kinder |
| **ubáwine máshi** | **ubáwine shéni** | **ubáwine déza** |
| *schön-jene Männer* | *schön-jene Frauen* | *schön-jene Kinder* |
| jene schönen Männer | jene schönen Frauen | jene schönen Kinder |

## häufig vorkommende Eigenschaftswörter:

| männl. | | weibl. | sächl. | Mz |
|---|---|---|---|---|
| **now** | neu | **nówa** | **nówo** | **nówi** |
| **mlad** | jung | **mláda** | **mládo** | **mládi** |
| **ßtar** | alt | **ßtára** | **ßtáro** | **ßtári** |
| **ßkap** | teuer | **ßkápa** | **ßkápo** | **ßkápi** |
| **éwtin** | billig | **éwtina** | **éwtino** | **éwtini** |
| **débel** | dick | **débela** | **débelo** | **débeli** |
| **ténok** | dünn | **ténka** | **ténko** | **ténki** |
| **ßtúden** | kalt | **ßtúdena** | **ßtúdeno** | **ßtúdeni** |
| **tópol** | warm | **tópla** | **tóplo** | **tópli** |
| **dóbar** | gut | **dóbra** | **dóbro** | **dóbri** |
| **lósch** | schlecht | **lóscha** | **lóscho** | **lóschi** |
| **sdraw** | gesund | **sdráwa** | **sdráwo** | **sdráwi** |
| **bólen** | krank | **bólna** | **bólno** | **bólni** |

| Farben | | | | |
|---|---|---|---|---|
| **bel** | weiß | **béla** | **bélo** | **béli** |
| **z'rn** | schwarz | **z'rna** | **z'rno** | **z'rni** |
| **z'rwen** | rot | **z'rwena** | **z'rweno** | **z'rweni** |
| **sholt** | gelb | **shólta** | **shólto** | **shólti** |
| **sélen** | grün | **sélena** | **séleno** | **séleni** |
| **ßin** | blau | **ßína** | **ßíno** | **ßíni** |
| **rósow** | rosa | **rósowa** | **rósowo** | **rósowi** |
| **káfeaw** | braun | **kaféawa** | **kaféawo** | **kaféawi** |
| **ßiw** | grau | **ßíwa** | **ßíwo** | **ßíwi** |
| **schären** | bunt | **schárena** | **schäreno** | **schäreni** |

**Ljúbiza íma**
*Lubiza hat*
**ßíni ótschi, rúßa kóßa,**
*blaue Augen, blondes Haar,*
**rósowi óbrasi, bélo líze.**
*rosa Wangen, weißes Gesicht*
Ljubiza hat blaue Augen, blondes Haar, rosa Wangen, ein weißes Gesicht.

**pop Mátej íma**
*Pope Matej hat*
**kaféawi ótschi, z'rna kóßa,**
*braune Augen, schwarzes Haar,*
**dólga z'rna bráda i dóbar pógled.**
*langen schwarzen Bart und guten Blick*
Der Pope Matej hat braune Augen, schwarzes Haar, einen langen schwarzen Bart und einen guten Blick.

# Steigern & Vergleichen

## Steigern

- Die erste Steigerungsform, die **Mehrstufe**, wird durch Voranstellen der Silbe **po-** gebildet.
- Für die zweite Steigerungsform, die **Meiststufe**, wird statt dessen **naj-** verwendet.
- Beide Wörtchen haben keine eigenständige Bedeutung und bleiben unverändert, während das Eigenschaftswort ganz normal gebeugt werden muss.

| | | | |
|---|---|---|---|
| männl. | **úbaw** | **póubaw** | **nájubaw** |
| | schön | schöner | schönster |
| weibl. | **úbawa** | **póubawa** | **nájubawa** |
| | schöne | schönere | schönste |
| sächl. | **úbawo** | **póubawo** | **nájubawo** |
| | schönes | schöneres | schönsetes |

Ausnahme:

| | | | |
|---|---|---|---|
| | **mnógu** | **pówekje** | **nájmnogu** |
| | viel | mehr | am meisten |

keine Ausnahme:

| | | | |
|---|---|---|---|
| | **dóbar** | **pódobar** | **nájdobar** |
| | gut | besser | am besten |

**Pétre e pódobar od Blashe.**
*Petre ist besser als Blashe*
Petre ist besser als Blashe.

*Eine spezielle Form der Steigerung kann man mit der Vorsilbe* **pre-** *(über) ausdrücken:*

**préubaw**
*überschön*
wunderschön

**prépoln**
überfüllt

**Pétre e mégju ßíte waß nájdobar.**
*Petre ist zwischen alle euch (am)besten*
Petre ist von euch allen der Beste.

Eine Besonderheit im Makedonischen ist jedoch, dass die Vorsilben **po-** und **naj-** genauso vor einem Hauptwort stehen können.

**toj e pómajßtor od méne.**
*er ist mehr-Meister von mir*
Er ist ein besserer Meister als ich.

**toj íslese nájmajßtor od ßíte naß.**
*er ausging meiste-Meister von alle uns*
Er gilt als der beste Meister von uns allen.

## Vergleichen

Jetzt da man schon weiß, wie man das Eigenschaftwort bildet, braucht man nur noch das Wörtchen **od** (als) einzusetzen, um den Vergleich anzustreben:

**móreto e póubawo od planínata.**
*Meer-das ist schöneres als Gebirge-das*
Das Meer ist schöner als das Gebirge.

**ne, planínata e póubawa od móreto.**
*nein, Gebirge-das ist schöneres als Meer-das*
Nein, das Gebirge ist schöner als das Meer.

Und wenn man feststellen will, dass es doch keinen Unterschied gibt, braucht man: **ísto táka ... káko i** (genauso ... wie)

**móreto e ísto táka úbawo káko i planínata.**
*Meer-das ist genau so schön wie und Gebirge-das*
Das Meer ist genauso schön wie das Gebirge.

## Umstandswörter

Sie sind schnell zur Hand, weil sie meist auf einfache Art aus Eigenschaftswörtern gebildet werden können, indem man die Endung der männlichen Form durch die Endung **-o** ersetzt bzw. diese anhängt. Mit anderen Worten, die sächliche Form des Eigenschaftswortes ist zugleich die Form des Umstandswortes.

### Eigenschaftswort

**Toj/táa e úbaw/a.**
Er/sie ist schön.

### Umstandswort

**Toj/táa pée úbawo.**
Er/sie singt schön.

**wichtige Wortpaare**

| | | | |
|---|---|---|---|
| **b’rso** | schnell | **báwno** | langsam |
| **ßtúdeno** | kalt | **tóplo** | warm |
| **ráno** | früh | **dózna, káßno** | spät |
| **mnógu** | viel | **málku** | wenig |
| **gólemo** | groß | **málo** | klein |
| **ßlátko** | süß | **kíßelo** | sauer |
| **ßlátko** | süß | **górtschliwo** | bitter |
| **wíßoko** | hoch | **níßko** | niedrig |
| **dláboko** | tief | **plítko** | flach |
| **débelo** | dick | **ßlábo** | dünn |
| **téschko** | schwer | **léßno** | leicht |
| **tschéßto** | oft | **rétko** | selten |
| **dóbro** | gut | **lóscho** | schlecht |
| **tótschno** | richtig | **pógreschno** | falsch |
| **ßékogasch** | immer | **níkogasch** | nie |
| **ßé, ßwe** | alles | **nischto** | nichts |
| **ßékoj** | jeder | **nikoj** | niemand |
| **túka, ówde** | hier | **támu** | dort |
| **góre** | oben | **dólu** | unten |
| **tschíßto** | sauber | **nétschisto** | schmutzig |
| **ßkápo** | teuer | **éwtino** | billig |
| **wéßelo** | lustig | **táshno** | traurig |
| **bélo** | weiß | **z’rno** | schwarz |

# Fürwörter

## persönliche Fürwörter

Neben der Grundform des persönlichen Fürwortes gibt es eine lange (LF) und eine kurze Form (KF). Man sollte sich mit den beiden Formen sehr gut vertraut machen, da sie von Makedoniern gleich häufig verwendet werden.

| **Wer - Fall** (Grundform) | |
|---|---|
| **jaß** | ich |
| **ti** | du |
| **toj (on*)** | er |
| **táa (óna*)** | sie |
| **tóa (óno*)** | es |
| **níe** | wir |
| **wíe** | ihr |
| **tíe (óni)*** | sie |

**etwas veraltete persönliche Fürwörter, die aber immer noch verwendet werden.*

| **Wem - Fall** | | | **Wen – Fall** | | |
|---|---|---|---|---|---|
| LF | KF | | LF | KF | |
| **méne** | **mi** | mir | **méne** | **me** | mich |
| **tébe** | **ti** | dir | **tébe** | **te** | dich |
| **nému** | **mu** | ihm | **négo** | **go** | ihn |
| **néjse** | **í** | ihr | **néa** | **ja** | sie |
| **nam** | **ni** | uns | **naß** | **né** | uns |
| **wam** | **wi** | euch | **waß** | **we** | euch |
| **nim** | **im** | ihnen | **niw** | **gi** | sie |

**Höfliche Anrede** Für die höfliche Anrede mit „Sie“ gibt es eine Ausnahme: Hier verwendet man die 2. Person Mehrzahl **Wíe** (Ihr) bzw. **Waß**, **We**, **Wam** oder **Wi.** Um diese Höflichkeitsform von dem normalen „ihr“ unterscheiden zu können, wurden diese in diesem Bändchen immer groß geschrieben.

**Gebrauch** Nun aber zu dem Gebrauch dieser Fürwörter. Im Makedonischen gibt es die Besonderheit, dass wenn das Objekt des Satzes eine Person ist, man immer das passende kurze persönliche Fürwort an den Satzanfang stellt und natürlich nach dem Verb das eigentliche Objekt plaziert. Das sieht dann so aus:

**go wídow Iwán.**
*ihn(KF) sah(ich) Iwan*
Ich sah Iwan.

**mu ja dádow Iwán knígata.**
*ihm(KF) sie(KF) gab(ich) Iwan Buch-das*
Ich gab Iwan das Buch.

Und wenn man die Person gar nicht nennt, sondern stattdessen nur ein persönliches Fürwort gebraucht, wird dafür immer die lange Form des Fürwortes verwendet:

**go wídow négo.**
*ihn(KF) sah(ich) ihn(LF)*
Ich sah ihn.

## besitzanzeigende Fürwörter

Das Geschlecht richtet sich nach dem Geschlecht des Hauptwortes, wie schon bei den Eigenschaftswörtern. Der Artikel an das Fürwort angehängt, statt an das Hauptwort.

| männlich | | weiblich | |
|---|---|---|---|
| **moj** | mein | **mója** | meine |
| **twoj** | dein | **twója** | deine |
| **néjsin** | ihr | **néjsina** | ihre |
| **négow** | sein | **négowa** | seine |
| **nasch** | unser | **náscha** | unsere |
| **wasch** | euer | **wáscha** | euere |
| **níwen** | ihr | **níwna** | ihre |

| sächlich | | Mehrzahl | |
|---|---|---|---|
| **móe** | mein | **mói** | meine |
| **twóe** | dein | **twói** | deine |
| **néjsino** | ihr | **néjsini** | ihre |
| **négowo** | sein | **négowi** | seine |
| **násche** | unser | **náschi** | unsere |
| **wásche** | euer | **wáschi** | euere |
| **níwno** | ihr | **níwni** | ihre |

| besitzanzeigende rückbezügliche Fürwörter: | | |
|---|---|---|
| **ßwoj** | (mein)eigener | männlich |
| **ßwója** | (meine)eigene | weiblich |
| **ßwóe** | (mein)eigenes | sächlich |
| **ßwói** | (meine)eigenen | Mehrzahl |

**Kurzformen:**

*Die Kurzformen gelten für alle Formen, egal ob männlich, weiblich, sächlich oder Mehrzahl.*

| | |
|---|---|
| **mi** | mein, meine |
| **ti** | dein, deine |
| **í** | ihr, ihre |
| **mu** | sein, seine |
| **ni** | unser, unsere |
| **wi** | euer, euere |
| **im** | ihr, ihre |
| **ßi** | mein |

| lange Form: | kurze Form: |
|---|---|
| **mójata májka**<br>*meine-die Mutter*<br>meine Mutter | **májka mi**<br>*Mutter meine*<br>meine Mutter |
| **móite rodíteli**<br>*meine-die Eltern*<br>meine Eltern | **roditélite mi**<br>*Eltern-die meine*<br>Meine Eltern |
| **wáschata kúkja**<br>*euer-das Haus*<br>euer Haus | **kúkjata wi**<br>*Haus-das euer*<br>euer Haus |

**dézata í pomágaat na májka ßi.**
*Kinder-die ihr helfen auf Mutter ihrer*
Die Kinder helfen ihrer Mutter.

oder:

**dézata í pomágaat na ßwójata májka.**
*Kinder-die ihr helfen auf ihre-die Mutter*
Die Kinder helfen ihrer Mutter.

## Rückbezügliche Fürwörter

Wenn man etwas von sich selbst meint, verwendet man die lange Form **ßébe** oder die kurze Form **ßi**, beide bedeuten „sich(selbst)".

**níe ßi gi míjeme rázete.**
*wir sich(selbst) sie waschen Hände-die*
Wir waschen uns die Hände.

**jaß ßi go míjam lízeto.**
*ich sich(selbst) es wasche Gesicht-das*
Ich wasche mir das Gesicht.

Wenn man das Wörtchen „selbst“ nicht im Geiste ergänzen kann, verwendet man das rückbezügliche Fürwort **ße** (sich):

| | |
|---|---|
| **jaß ße ráduwam** | ich freue mich |
| **ti ße ráduwasch** | du freust dich |
| **toj ße ráduwa** | er freut sich |
| **níe ße ráduwame** | wir freuen uns |
| **wíe/Wíe ße ráduwate** | ihr freut euch / Sie freuen sich |
| **tíe ße ráduwaat** | wir freuen uns |

Gebräuchliche Fragen und Antworten mit **ße**.

**schto ti ße jáde?**
*was dir sich isst(es)*
Was willst Du essen?

**mi ße jáde (ßládoled).**
*mir sich isst(es) (Eis)*
Ich möchte (Eis) essen.

**schto ti ße píe?**
*was dir sich trinkt(es)*
Was willst Du trinken?

**mi ße píe (píwo).**
*mir trinkt(es) (Bier)*
Ich möchte gern (Bier) trinken.

**ti ße ßpíe li?**
*dir sich schläft(es)?*
Willst Du schlafen?

**mi ße ßpíe.**
*mir sich schläft(es)*
Ich möchte schlafen.

## hinweisende Fürwörter

Ihr Gebrauch ist sehr unkompliziert, weil sie wie im Deutschen nicht gebeugt werden. Die Makedonier benutzen die hinweisenden Fürwörter mit großer Vorliebe.

| männlich | | weiblich | |
|---|---|---|---|
| **ówoj** | dieser | **ówaa** | diese |
| **toj** | der | **táa** | die |
| **ónoj** | jener | **ónaa** | jene |

| sächlich | | Mehrzahl | |
|---|---|---|---|
| **ówa** | dieses | **ówie** | diese |
| **tóa** | das | **tíe** | die |
| **óna** | jenes | **ónie** | jene |

**ówaa shéna íma móderna krátka ßúknja.**
*diese Frau hat modernen kurzen Rock*
Diese Frau hat einen modernen kurzen Rock.

**tóa ßeméjßtwo íma gólema kúkja.**
*diese Familie hat großes Haus*
Diese Familie hat ein großes Haus.

# Sein & Haben

Das Kapitel Verben ist das Schwierigste in der Grammatik. Da sich aber ohne Verben nun mal nicht viel sagen lässt, habe es so dargestellt, dass man problemlos durchsteigt.

## sein & haben

Diese beiden Hilfsverben braucht man sehr häufig, daher lohnt es sich, all ihre Beugungsformen kennenzulernen und sie sich gut einzuprägen. Insbesondere, da die persönlichen Fürwörter im allgemeinen weggelassen werden.

### Gegenwart

| | | | |
|---|---|---|---|
| **(jaß) ßum** | (ich) bin | **imam** | habe |
| **(ti) ßi** | (du) bist | **ímasch** | hast |
| **(toj) e** | (er) ist | **íma** | hat |
| **(níe) ßme** | (wir) sind | **ímame** | haben |
| **(wíe) ßte** | (ihr) seid | **ímate** | habt |
| **(Wíe) ßte** | (Sie) sind | **ímate** | haben |
| **(tíe) ße** | (sie) sind | **ímaat** | haben |

**jaß ßum ßtudént.**
*ich bin Student*
Ich bin Student.

**jaß ßum úmoren.**
*ich bin müde*
Ich bin müde.

In der Alltagssprache dreht man das Satzbaumuster (Subjekt-Prädikat-Objekt) schon mal ein bisschen um.
Wenn das persönliche Fürwort fehlt, rückt das Objekt an den Satzanfang:

**ßtudént ßum.**
*Student bin*
Ich bin Student.

**úmoren ßum.**
*müde bin*
Ich bin müde.

## Vergangenheit

| | | | |
|---|---|---|---|
| **(jaß) bew** | (ich) war | **ímaw** | hatte |
| **(ti) bésche** | (du) warst | **ímasche** | hattest |
| **(toj) bésche** | (er) war | **ímasche** | hatte |
| **(níe) béwme** | (wir) waren | **ímawme** | hatten |
| **(wíe) béwte** | (ihr) wart | **ímawte** | hattet |
| **(Wíe) béwte** | (Sie) waren | **ímawte** | hatten |
| **(tíe) béa** | (sie) waren | **ímaa** | hatten |

**jaß bew wójnik.**
*ich war Soldat*
Ich war Soldat.

**jaß bew bólen.**
*ich war krank*
Ich war krank.

## Zukunft

Die Zukunft wird mit **kje + bíd(e)** gebildet. Nur das Verb **bíde** wird gebeugt. Das Wörtchen **kje** steht dabei immer vor **bíde** und hat lediglich Signalfunktion: Achtung, Zukunft!

In der Wort-für-Wort-Übersetzung gebe ich **kje** mit „Z“ wieder.

**jaß kje bídam lékar.**
*ich Z werde Arzt*
Ich werde Arzt.

| | | | |
|---|---|---|---|
| **(jaß) kje bídam** | (ich) werde | **kje ímam** | werde haben |
| **(ti) kje bídesch** | (du) wirst | **kje ímasch** | wirst haben |
| **(toj) kje bíde** | (er) wird | **kje íma** | wird haben |
| **(níe) kje bídeme** | (wir) werden | **kje ímame** | werden haben |
| **(wíe) kje bídete** | (ihr) werdet | **kje ímate** | werdet haben |
| **(Wíe) kje bídete** | (Sie) werden | **kje ímate** | werden haben |
| **(tíe) kje bídat** | (sie) werden | **kje ímaat** | werden haben |

## Sonderform

Eine Sonderform der Hilfsverben ist wichtig zur Bildung höflicher Sätze (Würden Sie...?). Zum Glück bleibt es immer unverändert: **bi**.

*Nicht wundern über das Fragezeichen in der Wort-für-Wort-Übersetzung.* **dáli** *kennzeichnet Fragesätze, in denen keine Frageworte (wer, wie, was) vorkommen.*

**dáli bi ßákale da mi káshete**
*? würden gewollt Bw mir sagt(ihr)*
**káde ße náogja úliza Partisánßka?**
*wo sich befindet Straße Partisanßka*
Würden Sie mir bitte sagen,
wo sich die Partisanska-Straße befindet?
*(die längste Straße in Skopje)*

# Verben

Ein Hinweis vorab: Das Makedonische verwendet als Grundform die dritte Person Einzahl. Ausgehend von der Grundform wird das Verb je nach Zeit, Geschlecht, Einzahl oder Mehrzahl gebeugt. Dabei kann man im Makedonischen grundsätzlich drei Arten unterscheiden: Die **-a, -e** und **-i** Beugung, erkennbar an der Endung in der Grundform in der dritten Person Einzahl.

## Gegenwart

| z. B. er | **a**-Beugung tanzt | **e**-Beugung singt | **i**-Beugung spielt (Instrument) |
|---|---|---|---|
| **jaß** | **ígram** | **péam** | **ßwíram** |
| **ti** | **ígrasch** | **péesch** | **ßwírisch** |
| **toj** | **ígra** | **pée** | **ßwíri** |
| **níe** | **ígrame** | **péeme** | **ßwírime** |
| **wíe/Wíe** | **ígrate** | **péete** | **ßwírite** |
| **tíe** | **ígraat** | **péat** | **ßwírat** |

Die Bildung der Zukunftsform ist dann ganz einfach, denn man setzt nur das Wörtchen **kje** vor die gebeugte Gegenwartsform des Verbes, wie schon bei „sein & haben“ beschrieben.

## Vergangenheit

| z.B. er | **a**-Beugung tanzte | **e**-Beugung sang | **i**-Beugung spielte |
|---|---|---|---|
| **jaß** | **ígraw** | **péew** | **ßwírew** |
| **ti** | **ígrasche** | **péesche** | **ßwíresche** |
| **toj** | **ígrasche** | **péesche** | **ßwíresche** |
| **níe** | **ígrawme** | **péewme** | **ßwírewme** |
| **wíe/Wíe** | **ígrawte** | **péewte** | **ßwírewte** |
| **tíe** | **ígraa** | **peeja** | **ßwírea** |

## Sonderform

*Diese Sonderform müssen Sie nicht lernen, nur verstehen können!*

Ich möchte Ihre Geduld nicht allzu sehr strapazieren, aber es gibt noch eine Art die Zeitformen im Makedonischen auszudrücken. Dazu leitet man von einem beliebigen Verb eine Art passivisches Verb ab:

| | |
|---|---|
| **igra – ígrano** | tanzen – getanztes |
| **pée – péeno** | singen – gesungenes |
| **ßwíri – ßwíreno** | spielen – gespieltes |

Und das kombinieren die Makedonier mit **íma** (haben) oder **néma** (nicht haben):

| Gegenwart | Zukunft | Vergangenheit |
|---|---|---|
| **ímam ígrano** | **kje ímam ígrano** | **imaw ígrano** |
| *(ich)habe getanztes* | *Z (ich)habe getanztes* | *(ich)hatte getanztes* |
| ich habe getanzt | ich werde tanzen | ich hatte getanzt |

## Scheinverben

Ein weitere Besonderheit der makedonischen Sprache ist das unübersetzbare Wörtchen **da**. Es verbindet Scheinverben (wollen, können, müssen, sollen) mit dem eigentlichen Verb. In der Wort-für-Wort-Übersetzung kennzeichne ich **da** mit *Bw*:

**ßákam da ígram.**
*will(ich) Bw tanze(ich)*
Ich will tanzen.

**mósham da ßwíram.**
*kann(ich) Bw spiele(ich)*
Ich kann spielen.

In diesen Verbindungen wird immer nur das Scheinverb gebeugt. Das eigentliche Verb kann unverändert in der Grundform angefügt werden.

*Grundform des Verbes ist im Makedonischen immer die 1. Person.*

**ßákaw da ígram.**
*wollte(ich) Bw tanze(ich)*
Ich wollte tanzen.

**móshew da ßwíram.**
*konnte(ich) Bw spiele(ich)*
Ich konnte spielen.

**kje ßákam da ígram.**
*Z will(ich) tanze(ich)*
Ich will tanzen.

**kje mósham da ßwíram.**
*Z kann(ich) spiele(ich)*
Ich kann spielen.

Zwei wichtige (Schein-)Verben und ihre Anwendung möchte ich etwas genauer erläutern:

## tréba (sollen)

**Tréba** ist einerseits ein Scheinverb und heißt in dieser Funktion „sollen". Man erkennt es in dieser Funktion an dem mit Verbindungswörtchen **da** nachgestellten Verb:

**tréba da snáete/snáesch.**
*soll(es) Bw wisst(Ihr)/weißt(du)*
Sie sollen/du sollst wissen.

**tréba da dójdesch.**
*soll(es) Bw kommst(du)*
Du sollst kommen.

**tréba da mi pómognesch.**
*soll(es) Bw mir hilfst(du)*
Du sollst mir helfen.

**Tréba** ist jedoch auch ein Verb und bedeutet „brauchen". Man erkennt es daran, dass die typische Scheinverbkonstruktion mit dem Wörtchen **da** entfällt und dass natürlich kein weiteres Verb mehr folgt.

**mi tréba pówekje wréme.**
*mir braucht(es) mehr Zeit*
Ich brauche mehr Zeit.

## móra (müssen)

Das zweite Scheinverb, das etwas aus der Reihe tanzt ist **móra** (müssen):

**móram da ódam**
*muss(ich) Bw gehe(ich)*
Ich muss gehen.

**mórasch da ßpíesch**
*musst(du) Bw schläfst(du)*
Du musst schlafen.

**móra da ße ráboti**
*muss(man) Bw sich arbeitet(er)*
Man muss arbeiten.

Da **móra** und auch das nachfolgende Verb gebeugt werden müssen, empfehle ich die Verwendung des ohnehin freundlicheren **tréba.** So lassen sich die obigen Sätze auch folgendermaßen bilden:

**tréba da ódam.**
*braucht(es) Bw gehe(ich)*
Ich muss gehen.

**tréba da ßpíesch.**
*braucht(es) Bw schläfst(du)*
Du musst schlafen.

**tréba da ße ráboti.**
*braucht(es) sich arbeitet(er)*
Man muss arbeiten.

## Verben und Aspekte

In den slawischen Sprachen, so auch im Makedonischen, gibt es verschiedene Wörter für ein Verb, je nachdem welcher Aspekt betont ist. Man kann dadurch dem Verlauf des geschilderten Geschehens besser folgen, ob es noch andauert, sich wiederholt, endgültig beendet ist oder aus der subjektiven Sicht des Sprechers überhaupt zu einem Ergebnis geführt hat.

| | vollendeter Aspekt | unvollendeter Aspekt |
|---|---|---|
| nehmen | **séme** | **séma** |
| geben | **dáde** | **dáwa** |
| verkaufen | **pródade** | **pródawa** |
| sagen | **káshe** | **káshuwa** |
| sich waschen | **ísmie** | **ísmiwa** |
| öffnen | **ótwori** | **ótwara** |
| schließen | **sátwori** | **sátwara** |
| kaufen | **kúpi** | **kúpuwa** |
| bezahlen | **pláti** | **plákja** |
| verzeihen | **próßti** | **próschtawa** |

## vollendeter Aspekt

Dieser Aspekt umfasst schlichtweg alle Handlungen, die man im Geiste schon geplant und somit erledigt hat (bald einen Brief schreiben zu wollen) oder solche von denen man denkt, dass sie stattfinden werden (morgen wird es regnen, aber nur morgen). Auf jeden Fall ist man sicher, dass diese Handlungen nicht lange andauern, denn man kann ihre Vollendung bereits abschätzen.

*Faustregel:*

*Zum **vollendeten Aspekt** gehören meistens Verben, die* **-e** *oder* **-i** *Beugung haben.*

Wem das noch ein wenig zu hoch ist, kann sich schon mal die folgenden Wörter einprägen, denn diese verlangen immer nach dem vollendeten Aspekt:

*Zum **unvollendeten Aspekt** dagegen Verben mit einer* **-a**-*Beugung*

| | |
|---|---|
| **pótoa/póßle** | nachher |
| **pódozna** | später |
| **pred da** | bevor |
| **dódeka** | während |
| **móshebi** | vielleicht |
| **ßígurno** | sicher |
| **(ne)werójatno** | (un)wahrscheinlich |
| **nájwerójatno** | höchstwahrscheinlich |
| **óttogasch** | seit |
| **póßle** | nach |
| **nékogasch** | irgendwann |
| **níkogasch** | niemals |

**Möglichkeiten der Bildung des vollendeten Aspekts:**

mit dem Wörtchen **kje** (= Zukunft):

**móshebi útre kje w'rne.**
*vielleicht morgen Z regnet(es)*
Vielleicht regnet es morgen.

**póßle dórutschek kje dójdam.**
*nach Frühstück Z komme(ich)*
Nach dem Frühstück werde ich kommen.

mit einem Scheinverb:

**ßákam da dójdam.**
*will(ich) Bw komme(ich)*
Ich will kommen.

**ßákam da kúpam.**
*will(ich) Bw kaufe(ich)*
Ich will kaufen.

**unvollendeter Aspekt**

Dieser Aspekt umfasst nun alle Handlungen, die immer noch andauern, sich immer wiederholen, deren Ende einfach nicht so richtig abzusehen ist.

**poßtójano míßlam na tébe.**
*immer denke(ich) an dich*
Ich denke immer an Dich.

**ßékoj den ßtánuwam ráno.**
*jeden Tag aufstehe(ich) früh*
Jeden Tag stehe ich früh auf.

Auch hier gibt es typische Begleitworte im Satz, die immer nach dem unvollendeten Aspekt verlangen:

| | |
|---|---|
| **ßékoj nokj (den)** | jede(n) Nacht (Tag) |
| **tschéßto** | oft |
| **powekjépati** | mehrmals |
| **rétko** | selten |
| **ßékogasch** | immer |
| **poßtójano** | regelmäßig |
| **ßéga** | jetzt |
| **pónekogasch** | manchmal |

Versuchen Sie ruhig Ihr Glück mit der Anwendung der Aspekte, aber seien Sie nicht verzweifelt wenn es nicht auf Anhieb klappt, denn die Verwendung der Aspekte erfordert ein hohes Maß an Sprachgefühl.

*In der Wörterliste am Ende des Bändchens werden die vollendeten Verben mit* **vo.** *und die unvollendeten mit* **uv.** *gekennzeichnet.*

## Verneinung

Es ist ganz leicht, im Makedonischen zu verneinen, denn man stellt einfach **ne** (nein/nicht) vor das Verb:

**ne kje mósham da dójdam.**
*nicht Z kann(ich) Bw komme(ich)*
Nein, ich kann nicht kommen.

**zéla nokj ne móshew da ßpíjam.**
*ganze Nacht nicht konnte(ich) Bw schlafe(ich)*
Die ganze Nacht konnte ich nicht schlafen.

**tóa ne e úbawo.**
*das nicht ist schön*
Das ist nicht schön.

Man kann es aber auch als Vorsilbe vor ein Hauptwort oder ein Eigenschaftswort stellen in der Bedeutung „Nicht-“ oder „un-“:

| | | | |
|---|---|---|---|
| **príjatel** | Freund | **nepríjatel** | Feind (Nichtfreund) |
| **púschatsch** | Raucher | **népuschatsch** | Nichtraucher |
| **prijátelßki** | freundlich | **neprijátelßki** | unfreundlich |
| **príjaten** | angenehm | **nepríjaten** | unangenehm |
| **núshen** | nötig | **nenúshen** | unnötig |
| **dóßtoen** | würdig | **nedóßtoen** | unwürdig |
| **ljúbesen** | höflich | **neljúbesen** | unhöflich |

## die Verneinung von „haben“

Hierfür gibt es die Verbform **néma** (nichthaben) als Verneinungsform von dem Hilfsverb **íma** (haben). Beide werden gleich gebeugt.

| | |
|---|---|
| **(jaß) némam** | (ich) habe nicht |
| **(ti) némasch** | (du) hast nicht |
| **(toj) néma** | (er) hat nicht |
| **(níe) námame** | (wir) haben nicht |
| **(wíe) némate** | (ihr) habt nicht |
| **(Wíe) némate** | (Sie) haben nicht |
| **(tíe) némaat** | (sie) haben nicht |

**némaw pári.**
*nichthatte(ich) Geld*
Ich hatte kein Geld.

**kje némam wréme.**
*Z nichthaben(ich) Zeit*
Ich werde keine Zeit haben.

**némam shélba.**
*nichthabe(ich) Wunsch*
Ich habe keinen Wunsch.

Die verneinte Verbform mit **ne** oder **néma** bleibt auch dann stehen, wenn man weitere verstärkte Verneinungen benutzt:

| | | | |
|---|---|---|---|
| **níkogasch** | nie(-mals) | **níkoj** | niemand |
| **níkade** | nirgendwo | **níschto** | nichts |

**níkoj ne wídow da dóagja.**
*niemand nicht sah(ich) Bw kommt(er)*
Ich sah niemanden kommen.

**túka néma níschto.**
*hier nichthat nichts*
Hier gibt es nichts.

## die Verneinung von „wollen“

Ein weiteres schon verneintes Verb ist **nékje** (nichtwill), abgeleitet von dem Zukunftswörtchen **kje** (Z). Sinngemäß bedeutet es: Ich werde/will (es) nicht (tun).

| | Gegenwart | | Vergangenheit | |
|---|---|---|---|---|
| **jaß** ich | **nékjam** | will nicht | **nékjew** | wollte nicht |
| **ti** du | **nékjesch** | willst nicht | **nékjesche** | wolltest nicht |
| **toj** er | **nékje** | will nicht | **nékjesche** | wollte nicht |
| **níe** wir | **nékjeme** | wollen nicht | **nékjewme** | wollten nicht |
| **wíe** ihr | **nékjete** | wollt nicht | **nékjewte** | wolltet nicht |
| **Wíe** Sie | **nékjete** | wollen nicht | **nékjewte** | wollten nicht |
| **tíe** sie | **nékjat** | wollen nicht | **nékjea** | wollten nicht |

Wenn eine Frage mit **ßákasch li ...?** („Möchtest/willst Du (etwas)?“) beginnt, kann man mit dem Wort **nékjam** antworten.

**ßákasch li da jádesch, píesch, dójdesch?**
*willst(du) ? Bw isst(du), trinkst(du), kommst(du)*
Möchtest Du essen, trinken, kommen?

**nékjam.**
*nichtwill(ich)*
Ich möchte es nicht.

Aber klar, man kann auch sagen:

| | |
|---|---|
| **ne ßákam.** | **tój ne ßáka.** |
| *nicht will(ich)* | *er nicht will(er)* |
| Ich möchte nicht. | Er möchte nicht. |

## Fragen

Die Wörtchen **li, dáli, sar** haben keine andere Aufgabe, als einen Satz als Frage zu kennzeichnen. In Wort-für-Wort-Übersetzung werden sie durch ein „?" übersetzt. Während die beiden längeren Wörtchen **dáli** und **sar** nur am Satzanfang stehen können, beginnt eine Frage nie mit dem kleinen **li.**

| Aussagesatz | Fragesatz | | |
|---|---|---|---|
| **ti bésche túka.** | **bésche li túka?** | oder: | **túka li bésche?** |
| *du warst(du) hier* | *warst(du) ? hier* | | *hier ? warst(du)* |
| Du warst hier. | Warst Du hier? | | Warst Du hier? |

Mit **dáli** verstärkt man die Frage:

**dáli kje dójdesch túka?**
*? Z kommst(du) hier*
Kommst Du hierher?

**dáli da ódam, íli ne?**
*? Bw gehe(ich), oder nicht*
Soll ich gehen oder nicht?

Mit **sar** bildet man rhetorische Fragen, die Überraschung ausdrücken (Ist es wahr, dass Du hierher kommst?) oder auf die man eine Verneinung erhofft.

**sar kje dójdesch túka!?**
*? Z kommst(du) hier*
Du kommst hierher!?

**sar ti kje go ßtórisch tóa?**
*? du Z es machst(du) das*
Das wirst Du doch nicht machen?

Aber natürlich können Fragen auch einfach nur durch eine entsprechend fragende Betonung gebildet werden.

| **jaß da ódam?** | **ne, níkogasch!** |
|---|---|
| *ich Bw gehe(ich)* | *nicht, niemals* |
| Ich soll gehen? | Nein, niemals! |

## wessen?

*Wenn ein konkretes Fragewort (was, wer, wie ...) verwendet wird, entfallen die Fragewörtchen.*

Mit „wessen?“ werden die folgenden Fragewörter in Ein- und Mehrzahl übersetzt:

| männlich | weiblich | sächlich | Mz |
|---|---|---|---|
| **tschij?** | **tschíja?** | **tschíe?** | **tschíí?** |

**tschíja e ówaa táschna?**
*wessen(die) ist diese Tasche*
Wessen Tasche ist das?

## wer?

| männlich | weiblich | sächlich | Mz |
|---|---|---|---|
| **koj?** | **kója?** | **kóe?** | **kói?** |

*Wie fast alles im Makedonischen werden auch die Fragewörter entsprechend dem Geschlecht gebeugt.*

**kója e ówaa shéna?**
*wer ist diese Frau*
Wer ist diese Frau?

**ówaa shéna e Ingrid.**
*diese Frau ist Ingrid*
Diese Frau ist Ingrid.

## was für ein, eine?

| männlich | weiblich | sächlich | Mz |
|---|---|---|---|
| **kákow?** | **kákwa?** | **kákwo?** | **kákwi?** |

**kákow e ówoj mash?**
*was-für-einer ist dieser Mann*
Wie ist dieser Mann?
Was ist das für ein Mann?
Was für ein Mann ist das?

**kákwi ßa ówie lúgje túka?**
*was-für-welche sind diese Menschen hier*
Wie sind die Menschen hier?
Was für Menschen sind das (hier)?
*(z. B. nett, gastfreundlich)*

## wie (groß)?

Mit dem makedonischen „wie?“ erfragt man die Größe, Länge oder Ausdehnung einer Sache. Im Gegensatz zum Deutschen muss man Eigenschaftswörter, wie „lang“, groß“ oder „breit“ gar nicht mehr ergänzen, sie sind schon enthalten:

| männlich | weiblich | sächlich | Mz |
|---|---|---|---|
| **kólkaw?** | **kólkawa?** | **kólkawo?** | **kólkawi?** |

**kólkaw e w'rwot na Schar plánina?**
*wie(groß) ist Gipfel-der von Schar Gebirge*
Wie hoch ist der Gipfel des Schar-Gebirges ?

*Bewunderung!* **kolkáwa** *wird lang und betont gesprochen:* **kolka-a-awa**!

**kólkawa e rékata Dúnaw?**
*wie(groß) ist Fluss-der Donau*
Wie lang ist die Donau?

oder:

**kolkáwa e ówaa plánina!**
*wie(groß, schön) ist dieses Gebirge*
Wie groß (oder schön) dieses Gebirge ist!

## wieviel ?

Eine andere Möglichkeit, die Größe, Länge, Ausdehnung zu erfragen, bietet **kólku** (wieviel?). Es wird nicht gebeugt, sondern gilt für alle Geschlechter sowie für Einzahl und Mehrzahl, aber verlangt nach einem Eigenschaftswort!

**kólku e wíßok w'rwot na Schar plánina?**
*wieviel ist hoch Gipfel-der von Schar Gebirge*
Wie hoch ist der Gipfel des Gebirges Schar?

**kólku e dólga rékata Dúnaw?**
*wieviel ist lang Fluss-der Donau*
Wie lang ist die Donau?

| Und für die „normalen" Fragen: | |
|---|---|
| **káde?** | wo, wohin? |
| **kólku?** | wieviel? wie? |
| **kóga?** | wann? |
| **sáschto?** | warum? |
| **déka?** | wo, wohin? |
| **schto?** | was? |
| **ßo schto?** | womit? |
| **káko?** | wie? |

**káko ße wéli?**
*wie sich nennt*
Wie sagt man?

**káde e ...?**
*wo ist ...*
Wo ist ...?

**kólku dáleku e do ...?**
*wie weit ist(es) bis*
Wie weit ist es bis ...?

**káko ßte?**
*wie Ihnen*
Wie geht es Ihnen?

**kólku kóschta ...?**
*wieviel kostet ...*
Wieviel kostet ...?

**schto e ówa?**
*was ist dieses*
Was ist das?

# Bindewörter

## und, aber

Hier hat man die Wahl zwischen **i** und **a.** Der Unterschied ist klein, aber fein:

### i

Mit **i** kann man nicht nur aufzählen, sondern auch vergleichen:

**jaß ímam dwáeßet gódini i ti ímasch dwáeßet gódini.**
*ich habe 20 Jahre und du hast 20 Jahre*
Ich bin 20, und du bist (auch) 20.

### a

**a** bedeutet „und“, „aber“ oder „während“. Man stellt etwas gegenüber oder vergleicht Unterschiedliches:

**jaß ímam dwáeßet gódini, a ti ímasch trießet gódini.**
*ich habe 20 Jahre, und du hast 30 Jahre*
Ich bin 20, du bist hingegen 30.

**jaß dójdow, a ti ne dójde.**
*ich kam aber du nicht gekommen*
Ich kam, aber du bist nicht gekommen.

## genauso, ebenso — íßto táka

siehe Kapitel „Eigenschaftswörter, Vergleichen“

**práwam íßto táka (káko i Wíe/ti).**
*mache(ich) genau so (wie und Ihr/du)*
Ich mache es genauso (wie Sie/Du).

## genauso viel — íßto tólku

**ti ßi íßto tólku mlad(-a)/ßtar(-a) káko i jaß.**
*du bist genauso viel jung/alt wie und ich*
Du bist genauso jung/alt wie ich.
*(ist die Angesprochene weiblich, muss das -a angehängt werden!)*

**íßta wósraßt ßme.**
*gleiche Alter sind(wir)*
Wir sind gleichen Alters.

**mósham da sbóruwam na gérmanski íßto tólku dóbro káko i Wíe/ti.**
*kann(ich) Bw spreche(ich) auf Deutsch eben so gut wie und Ihr/du*
Ich kann ebenso gut Deutsch sprechen wie Sie/Du.

## weitere Bindewörter

| | |
|---|---|
| **íli** | oder |
| **íli ... íli** | entweder ... oder |
| **áma** | aber, doch |
| **ámi** | sondern, aber, und |
| **ßámo** | nur |
| **pak** | wieder |
| **ódnowo** | wieder |
| **da, sa da** | dass, damit, um zu |
| **áko** | wenn |
| **dáli** | ob |
| **i pókraj tóa** | trotzdem |
| **sátoa** | deshalb |
| **póradi tóa** | deshalb |
| **tókmu sátoa** | eben deswegen |
| **ni ... ni, nítu ...nítu** | weder ... noch |

**íli na kíno íli na teatar**
entweder ins Kino oder ins Theater

**jaß ne ßákam nítu da jádam nítu da píjam.**
*ich nicht will(ich) weder Bw esse(ich) noch Bw trink*
Ich will weder essen noch trinken.

**toj dójde (sa) da me wídi.**
*er kam (für) Bw mich sah(er)*
Er kam, um mich zu sehen.

**ne ßámo jaß ámi ßíte**
nicht nur ich, sondern alle

**ne snam dáli kje dójde.**
*nicht weiß(ich) ob Z kommt(er)*
Ich weiß nicht, ob er kommt.

Viele Bindewörter sind ursprünglich Fragewörter (siehe Kapitel „Fragen“):

| | |
|---|---|
| **déka** | dass, weil |

**jaß snam, déka e dójden.**
*ich weiß, dass ist gekommt(er)*
Ich weiß, dass er gekommen ist.

| | |
|---|---|
| **schto** | was, der, die, das,<br>welcher, welche, welches, welche |

**shénata, schto támu ßédi, dáli ja snáesch?**
*Frau-die, was dort sitzt, ? sie kennst(du)*
Kennst Du die Frau, die dort sitzt?

**schto i da e.**
*was und Bw ist*
Was es auch sei.

Ergänzen Sie mal selbst:

**ówaa rákija, ... ja píjeme e od Makedónija.**
*diesen Schnaps, den ihn trinken(wir) ist aus Makedonija*
Der Schnaps, den wir trinken, ist aus Makedonien.

# Verhältniswörter

**D**ie Verwendung der Verhältniswörter dürfte keine großen Schwierigkeiten bereiten. Man sollte allerdings immer daran denken, einen Artikel an das Hauptwort anzuhängen, wenn es bestimmt sein soll:

**jaß shíweam wo grad (ßélo)**
**nedáleku od Skópje.**
*ich wohne in Stadt (Dorf)*
*nicht weit von Skopje*
Ich wohne in einer Stadt (in einem Dorf) nicht weit von Skopje.

**Od kóga ne ßme ße wídele!?**
*von wann nicht sind(wir) uns gesehen*
Seit wann haben wir uns nicht gesehen!?

**jaß shíweam wo blisínata na Skopje,**
**a toj shíwee wo blisínata na Ohridskoto ésero.**
*ich wohne in Nähe-die von Skopje,*
*und er wohnt in Nähe-die von Ohrider-dem See*
Ich wohne in der Nähe von Skopje,
und er wohnt in der Nähe vom Ohridsee.

| | | |
|---|---|---|
| **bes** | ohne | **bes méne** (ohne mich) |
| **od** | von | **od Bítola do Skópje** (von Bitola bis Skopje) |
| | seit | **od kóga ne ßme ße wídele!?**<br>*von wann nicht sind(wir) uns gesehen*<br>Seit wann haben wir uns nicht gesehen!? |
| **ótkako** | seitdem | **ótkako sámina ßum táshen.**<br>*seitdem gingst(du) bin(ich) traurig*<br>Seitdem du weggegangen bist, bin ich traurig. |
| **do** | nach, bis, zu | **od tschówek do tschówek**<br>von Mensch zu Mensch |
| | neben | **do wrátata** (neben der Tür) |
| **sad** | hinter | **sad wrátata** (hinter der Tür) |
| **pred** | vor | **pred wrátata** (vor der Tür) |
| **préku** | am | **préku den e tóplo, préku nokj e ßtúdeno.**<br>*am Tag ist warm, am Nacht ist kalt*<br>Am Tag ist es warm, in der Nacht ist es kalt. |
| | durch | **rékata téschte préku najubáwite grádowi**<br>*Fluss-der fließt durch schönsten-die Städte*<br>Der Fluss fließt durch die schönsten Städte. |
| **sa** | für | **édno píßmo sa tébe** (einen Brief für dich) |
| **sáradi** | wegen | **sáradi tébe tóa go stóriw.**<br>*wegen dir das es machte(ich)*<br>Wegen Dir habe ich das getan. |
| **pod** | auf, unter | **temperatúrata e pod núlata.**<br>*Temperatur-die ist unter Null-die*<br>Die Temperatur ist unter Null. |
| **nad** | über,<br>*oben,*<br>auf | **temperatúrata e nad núlata.**<br>*Temperatur-die ist über Null-die*<br>Die Temperatur ist über Null. |
| **ßo** | mit | **ßo mébe** (mit dir) |
| **na** | von, auf, an | **na máßata** (auf dem Tisch) |
| **kaj/kade** | zu, bei | **ßíte ßme kaj négo.** *(alle sind(wir) bei ihm)*<br>Wir sind alle bei ihm. |

## Auffordern & Bitten

Wie im Deutschen gilt die Befehlsform nur für die 2. Person Einzahl und Mehrzahl der Gegenwart. Nicht vergessen: Die Höflichkeitsform entspricht der 2. Person Mehrzahl!

| - **a**-Beugung | | - **e**-Beugung | | - **i**-Beugung | |
|---|---|---|---|---|---|
| Grundform | Befehl | Grundf. | Befehl | Grundf. | Befehl |
| Ez **ígra** | **ígraj!** | **pée** | **pej!** | **ßwiri** | **wiri!** |
| tanzen | Tanze! | singen | Singe! | spielen | Spiele! |
| Mz **ígrate** | **ígrajte!** | **péete** | **péjte!** | **ßwírite** | **ßwírete!** |
| ihr tanzt | Tanzt! | ihr singt | Singt! | ihr spielt | Spielt! |

Eine Ausnahme ist die aus dem Griechischen übernommene Aufforderung:

**elaj!**
Komm!

**élajte!**
Kommt!/Kommen Sie!

**élaj, de! ne ßtoj támu!**
*komm(du), nun! nicht stehenbleibe(du) dort!*
Komm endlich! Bleibe nicht (dort) stehen!

Magische Kräfte scheint das Wort **chájde** zu besitzen. Es setzt sofort alle Makedonier in Bewegung.

**chájde!** *oder* **chájde, chájde!**
Los, nun! Beeilung!

**Wichtige Aufforderungen**

| | | |
|---|---|---|
| **dáde** (vo) | **daj!** | **dájte!** |
| geben | Gib! | Gebt!/Geben Sie! |
| **dáwa** (uv) | **dáwaj!** | **dáwajte!** |
| geben | Gib! | Gebt!/Geben Sie! |
| **séme** (vo) | **sémi!** | **sémete!** |
| nehmen | Nimm! | Nehmt! |
| **séma** (uv) | **sémaj!** | **sémajte!** |
| nehmen | Nimm! | Nehmt! |

**Wünsche**

Mit frommen Wünschen wird man meist bedacht, wenn die Befehlsformen von **bíde** (werden) **bídi!** oder **bídete!** im Spiel sind.

| | |
|---|---|
| *Für Männer:* | **bídi shiw i sdraw!** |
| *Für Frauen:* | **bídi shíwa i sdráwa!** |
| *Mehrzahl:* | **bídete shíwi i sdráwi!** |
| | *sei(d) lebendig und gesund* |
| | Sei(d) lebendig und gesund! |

Es wird auch als Dankeschön für ein Geschenk, einen Gefallen oder eine geleistete Arbeit gesagt:

**da ßi shiw i sdraw!**
*Bw bist lebendig und gesund*
Du sollst lebendig und gesund sein!

**Wichtige Bitte**

| | |
|---|---|
| **pótscheka** | kurz(e Zeit) warten |
| **pótschekaj!** | Warte (bitte) kurz! |
| **potschékajte!** | Wartet/Warten Sie (bitte) kurz! |

# Auffordern & Bitten

**Verneinte Befehlsform** Die verneinende Befehlsform bildet man mit **ne** oder verstärkend mit **némoj** (nichtkann).

**némoj!**
*nicht-kannst(du)*
Tu es nicht!

**némoj da ódisch!**
*nicht-kannst(du) Bw gehst(du)*
Gehe nicht!

**némojte da ódite!**
*nicht-könnt(ihr)/können(Sie) Bw geht*
Geht/Gehen Sie nicht!

**Verstärkte Aufforderung** Eine Verstärkung der Aufforderung erreicht man mit **da** (= !) oder **néka** (= !):

**da ídeme!**
*! hingehen(wir)*
Lass/Lasst uns hingehen!

**da íde!**
*! geht(er)*
Lass ihn gehen!

**néka ídat!**
*! gehen(sie)*
Lass/Lasst sie gehen!

**néka dójde!**
*! kommt(er)*
Lass/Lasst ihn kommen!

# Zahlen, zählen & Zeitangaben

## Grundzahlen

| | | | |
|---|---|---|---|
| 0 | **núla** | | |
| 1 | **éden** | 11 | **edináeßet** |
| 2 | **dwa** | 12 | **dwanáeßet** |
| 3 | **tri** | 13 | **trináeßet** |
| 4 | **tschétiri** | 14 | **tschetirináeßet** |
| 5 | **pet** | 15 | **petnáeßet** |
| 6 | **scheßt** | 16 | **scheßnáeßet** |
| 7 | **ßédum** | 17 | **ßedumnáeßet** |
| 8 | **óßum** | 18 | **oßumnáeßet** |
| 9 | **déwet** | 19 | **dewetnáeßet** |
| 10 | **déßet** | 100 | **ßto** |
| 20 | **dwáeßet** | 200 | **dwéßte** |
| 30 | **tríeßet** | 300 | **tríßta** |
| 40 | **tschetiríeßet** | 400 | **tschetirißtótini** |
| 50 | **pédeßet** | 500 | **petßtótini** |
| 60 | **schéeßet** | 600 | **scheßtßtótini** |
| 70 | **ßedúmdeßet** | 700 | **ßedumßtótini** |
| 80 | **oßúmdeßet** | 800 | **oßumßtótini** |
| 90 | **dewétdeßet** | 900 | **dewetßtótini** |
| | | 1000 | **íljada** |
| **milion** | | Million | |
| **milíarda** | | Milliarde | |

## So setzt man Zahlen zusammen:

| Tausender | Hunderter | Zehner | und | Einer |
|---|---|---|---|---|
| | | **dwáeßet** | **i** | **ßédum= 27** |
| | | zwanzig | und | sieben |
| | **ßto** | **pédeßet** | **i** | **pet = 155** |
| | hundert | fünfzig | und | fünf |
| **íljada** | **dewetßtótini** | **pédeßet** | **i** | **óßum= 1958** |
| tausend | neunhundert | fünfzig | und | acht |

**Besonderheiten** **éden** und **dwa** haben je nach Geschlecht des dazugehörigen Hauptwortes verschiedene Formen:

| | | | | |
|---|---|---|---|---|
| m | **éden mash** | ein Mann | **dwa másha** | zwei Männer |
| w | **édna shéna** | eine Frau | **dwe shéni** | zwei Frauen |
| s | **édno déte** | ein Kind | **dwe déza** | zwei Kinder |

Mit den folgenden Zahlworten zählt man nur männliche Personen, z.B. Freunde, Männer, Onkel, Opas, Kumpel ...

**dwájza** oder **dwójza** (beide)
**trójza** (3)
**tschetwóriza** (4)
**pétmina** (5)
*usw.*

**níe dwájzata (prijáteli) kje ódime wétscherwa na próschetka.**
*wir beide-die (Freunde) Z gehen(wir) Abend-dieser auf Spaziergang*
Wir beide gehen am Abend spazieren.

**níe dwéte (prijátelki) kje ódime wo kíno.**
*wir zwei-die (Freundinnen) Z gehen in Kino*
Wir zwei gehen ins Kino.

Zählt man männliche Hauptwörter, erhalten sie meist die Endung **–a,** eine unbestimmte Mehrzahl hat immer die Endung **–i:**

| Einzahl | bestimmte Mehrzahl | | unbestimmte Mehrzahl | |
|---|---|---|---|---|
| **móliw** (Bleistift) | **dwa, tri ...** | **móliwa** | **mnógu** | **móliwi** |
| **rétschnik** (Wörterbuch) | (zwei, drei) | **rétschnika** | (viele) | **rétschnizi** |
| **konj** (Pferd) | ..... | **kónja** | ..... | **kónji** |
| **útschenik** (Schüler) | ..... | **utschénika** | ..... | **utschénizi** |
| **príjatel** (Freund) | ..... | **prijátela** | ..... | **prijáteli** |

Und hier noch ein paar Möglichkeiten mit Zahlen zu jonglieren:

| | |
|---|---|
| **dwápati, trípati** | zweimal, dreimal |
| **dwogódischen, trigódischen** | zweijährig, dreijährig |
| **dwogódischno déte** | zweijähriges Kind |
| **dwaeßétina dúschi** | zwanzig Menschen (Seelen) |

## Ordnungszahlen

Die Ordnungszahlen werden wie Eigenschaftswörter behandelt. Sie erhalten also den Artikel des dazugehörigen Hauptwortes

| männlich | weiblich | sächlich | Mz mit Artikel |
|---|---|---|---|
| 1. **pr'w/-i** | **p'rwa** | **p'rwo** | **p'rwite** |
| 2. **wtor/-i** | **wtóra** | **wtóro** | **wtórite** |
| 3. **tret/treti** | **treta** | **tréto** | **trétite** |
| 4. **tschetw'rt/-i** | **tschétw'rta** | **tschétw'rto** | **tschetw'rtite** |
| 5. **pétti** | **pétta** | **pétto** | **péttite** |
| 6. **schéßti** | **schéßta** | **schéßto** | **schéßtite** |
| 7. **ßédmi** | **ßédma** | **ßédmo** | **ßédmite** |
| 8. **óßmi** | **óßma** | **óßmo** | **óßmite** |
| 9. **déwetti** | **déwetta** | **déwetto** | **dewéttite** |
| 10. **déßetti** | **déßetta** | **deßétto** | **deßéttite** |

| | |
|---|---|
| mit männl. Artikel**-ot**: | **p'rwiot** (der erste) |
| mit weibl. Artikel **-ta**: | **p'rwata** (die erste) |
| mit sächl. Artikel **-to**: | **p'rwoto** (das erste) |

## Uhrzeit

| | |
|---|---|
| **tscháßownik** *oder* **ßaát** | Uhr |
| **dsíden tscháßownik** | Wanduhr |
| **rátschen tscháßownik** | Armbanduhr |
| **grádßki tscháßownik** | Turmuhr |
| **tschaßównitschar** | Uhrmacher |
| **tschaß** *oder* **ßaát** | Stunde |
| **mínuta** | Minute |

**kólku e tscháßot/ßaátot?**
*wieviel ist Stunde-die*
Wie spät ist es?

| | |
|---|---|
| **dwanáeßet** | 12:00 |
| **... I pet** | 12.05 |
| **... i déßet** | 12:10 |
| **... i petnáeßet** | 12:15 |
| **... i dwáeßet** | 12:20 |
| **... i dwáeßet i pet** | 12:25 |
| **... i pol** | 12.30 |
| **... i tríeßet i pet** | 12:35 |
| **... i tschetiríeßet** | 12.40 |
| **... i tschetiríeßet i pet** | 12:45 |
| **... i pédeßet** | 12:50 |
| **... i pédeßet i pet** | 12:55 |
| **éden** | 13:00 |

| | | |
|---|---|---|
| **petnáeßet do éden** | *15 bis 1* | 12.45 |
| **deßet do éden** | *10 bis 1* | 12.50 |
| **pet do éden** | *5 bis 1* | 12.55 |

*Ab halb (z.B. 12:30 Uhr) nennt man die fehlenden Minuten bis zur vollen Stunde.*

Die Makedonier kennen zwar die Redewendung **„wrémeto e pári"** (Zeit ist Geld), sie nehmen sich aber einfach mehr von dem, was sie haben – eben Zeit: Zeit für sich und für ihre Mitmenschen. Das heißt aber auch, dass man eine gewisse Wartezeit stets einkalkulieren muss, denn sich zu verspäten ist längst nicht so ehrenrührig wie bei uns.

Selbst bei einer Verabredung kann man nicht automatisch auf Pünktlichkeit zählen. Die Makedonier planen ihre Zeit und ihr Leben nicht, sie improvisieren – und so läuft alles wie von allein. Pünktlichkeit ist nur eine unnötige Einschränkung. Ob man ein oder zwei Stunden später abfährt, zu Besuch kommt oder sich mit jemandem trifft, keiner ist böse drum.

Wer dennoch auf Pünklichkeit besteht, muss versuchen klarzumachen:

**We/te mólam, dójdete/dójdi áma tótschno wo 19 ßaátot!**
*Euch/dich bitte(ich), kommt(ihr)/komm(du) aber punkt in 19 Uhr*
Kommen Sie/komm bitte aber genau um 19 Uhr!

**ókolu scheßt tscháßot/ßaát** gegen 6 Uhr
**tótschno wo ßédum** Punkt 7 Uhr

**wo kólku tscháßot/ßaát kje ße wídime?**
*in wieviel Stunde-die Z uns sehen(wir)*
Um wieviel Uhr sehen wir uns?

**kóga kje ße wídime?**
*wann Z uns sehen(wir)*
Wann sehen wir uns?

**wo kólku ßaát kje dójdete/dójdesch?**
*in wieviel Stunde Z kommt(Ihr)/kommst(du)*
Um wieviel Uhr kommen Sie/kommst Du?

**wo kóe wréme kje ße ßrétneme?**
*in welche Zeit Z uns treffen(wir)*
Wann treffen wir uns?

**úschte kólku wréme móram da tschékam?**
*noch wieviel Zeit muss(ich) Bw warte(ich)*
Wie lange muss ich noch warten?

**We molam da potschékate úschte petnáeßet mínuti.**
*Euch bitte(ich) Bw wartet(Ihr) noch 15 Minuten*
Warten Sie bitte noch 15 Minuten.

## Zeit

**úbawo, tóplo, lóscho, ßtúdeno wreme**
schönes, warmes, schlechtes, kaltes Wetter

**wréme**
*heißt Zeit, aber auch Wetter*

**némam wréme.**
*nichthabe Zeit*
Ich habe keine Zeit.

**krájno wréme e.**
*endliche Zeit ist*
Es ist höchste Zeit.

**ne b'rsajte/ne b'rsaj!**
*nicht eilt/nicht eile*
Lassen Sie sich/lass Dir Zeit!

*Das Wochenende sind ursprünglich zwei Wörter* **wo ßábota i nédela** *(am Samstag und Sonntag) heute auch ganz modern* **wikend.**

| | |
|---|---|
| **den** | Tag |
| **dénje** | am Tage/tagsüber |
| **zel den** | den ganzen Tag (lang) |
| **ßékoj den** | jeden Tag |
| **den po den** | Tag für Tag |
| **od den na den** | von Tag zu Tag |
| **den pred tóa** | tags zuvor |
| **ßlédniot den** | am folgenden Tag |
| **sa óßum déna** | *für acht Tage* |
| | in acht Tagen |
| **nédela/ßédmiza** | Woche |
| **dwe nédeli/ßédmizi** | zwei Wochen |
| **ßlédnata nédela** | nächste Woche |
| **pred édna nédela** | vor einer Woche |

**kóga kje dójtete/dójdesch?**
*wann Z kommt(Ihr)/kommst(du)*
Wann kommen Sie/kommst Du?

**útrowo**
*Morgen-dieser*
der heutige Morgen

**ówa útro**
*dieser Morgen*
heute Morgen

| | |
|---|---|
| **déneß/déneßka** | heute |
| **déneß náutro** | heute Morgen *(heute am-Morgen)* |
| **déneß prétpladne** | heute Vormittag *(heute vor-Mittag)* |
| **déneß nápladne** | heute Mittag *(heute am-Mittag)* |
| **déneß pópladne** | heute Nachmittag *(heute nach-Mittag)* |
| **déneß náwetscher** | heute Abend *(heute am-Abend)* |
| **nókjwa** | heute Nacht |
| **úschte déneß** | noch heute |
| **do déneßka** | bis heute |
| **od déneßka** | ab heute |
| **wtschéra** | gestern |
| **sáwtschera** | vorgestern |
| **wtschéra náutro** | gestern Morgen |
| **wtscheráwetscher** | gestern Abend |
| **útre** | morgen |
| **útre ráno** | morgen früh |
| **útre nápladne** | morgen Mittag *(morgen am-Mittag)* |
| **utréwetscher** | morgen Abend |
| **sádutre** | übermorgen |
| **do útre!** | Bis morgen! |
| **útro** | der Morgen |
| **náutro** | am Morgen *(am-Morgen)* |
| **ráno náutro** | frühmorgens *(früh am-Morgen)* |
| **od útro dówetscher** | von morgens bis abends *(von Morgen bis-Abend)* |
| **ßékoj den ßékoja nokj** | jeden Tag und jede Nacht *(jeden Tag jede Nacht)* |
| **ßéga** | jetzt |
| **dózna** | spät |
| **pódozna** | später *(nach-spät)* |
| **pórano** | früher *(nach früh)* |

# Datum

**kój den e déneßka?**
*wer Tag ist heute*
Welchen Tag haben wir heute?

## Wochentage

**dóneß e:** heute ist:

**wo ponédelnik**
*am Montag*

| | |
|---|---|
| **ponédelnik** | Montag |
| **wtórnik** | Dienstag |
| **ßréda** | Mittwoch |
| **tschétw'rtok** | Donnerstag |
| **pétok** | Freitag |
| **ßábota** | Samstag |
| **nédela** | Sonntag |

## Monate

*Monat:*
**méßez**
(Mz. **méßezi**)

| | |
|---|---|
| **januári** | Januar |
| **fewruári** | Februar |
| **mart** | März |
| **apríl** | April |
| **maj** | Maj |
| **júni** | Juni |
| **júli** | Juli |
| **áwgußt** | August |
| **ßeptémwri** | September |
| **októmwri** | Oktober |
| **noémwri** | November |
| **dekémwri** | Dezember |

## Datum

**kój den ßme déneßka?**
*wer Tag sind(wir) heute*
Welches Datum haben wir heute?

**déneß e pétok, trináeßeti mart.**
*heute ist Freitag, 13-der März*
Heute ist Freitag, der 13. März.

Üben Sie mal mit Ihrem Geburtsdatum, indem Sie folgende Frage beantworten:

Männer:
**kóga ßi róden?**

Frauen:
**kóga ßi ródena?**

*wann bist(du) geboren*
Wann bist Du geboren?

Höflichkeitsform:
**kóga ßte ródeni?**
*wann sind(Sie) geboren*
Wann sind Sie geboren?

**jaß ßum róden ...**
Ich bin geboren ...

**jaß ßum ródena ...**
Ich bin geboren ...

**na dwáeßet i tréti mart íljada dewétßtotin ßedúmdeßet i óßma gódina.**
*auf zwanzig und drei-der März tausend neunhundert siebzig und acht Jahr*
am 23. März 1978.

**na oßumnáeßeti ßeptémwri íljada dewétßtotin pédeßet i ßédma gódina.**
*auf achtzehn-der September tausend neunhundert fünfzig und sieben Jahr*
am 18. September 1957.

Um Zeitpunkte grob zu bestimmen, kann man folgendes verwenden:

| | |
|---|---|
| **polówina gódina** | (ein) halbes Jahr |
| **godínawa** | dieses Jahr<br>*Jahr-dies* |
| **ßlédnata gódina** | das nächste Jahr<br>*nächste-das Jahr* |
| **minátata gódina** | das vorige Jahr<br>*vorige-das Jahr* |
| **ßékoja gódina** | jedes Jahr |

## gódischno wréme — Jahreszeit

Das makedonische Jahr **gódina** (Mz **gódini**) ist von besonders heißen, trockenen Sommern sowie schneereichen, kalten Wintern geprägt.

**tschetírite gódischni wréminja ße wíkaat:**
*vier-die jährliche Zeiten sich rufen*
Die vier Jahreszeiten heißen:

| | | |
|---|---|---|
| **prólet** | пролет | Frühling |
| **léto** | лето | Sommer |
| **éßen** | есен | Herbst |
| **síma** | зима | Winter |

## Feiertage

Als kirchliche Feste und Feiertage werden die hohen christlich-orthodoxen Feste wie Ostern und Weihnachten gefeiert, allerdings alle nach dem alten julianischen Kalender, der genau 13 Tage nachgeht. In Klammern nennen wir daher immer das Datum nach dem gregorianischen Kalender zur Orientierung.

*Feiertag:* **prásnik** (Mz **prásnizi**)

**kólede**
- die Nacht vor Heiligabend (vom 5. auf den 6. Januar)

**bádnik (bádna wétscher)**
- Heiligabend (am 6. Januar)

**bóshik**
- Weihnachten (vom 7. bis zum 9. Januar)

**vójordan**
- ist der Taufe Christi im Fluss Jordan - der Offenbarung Gottes - gewidmet. (18. Januar)

**wéligden**
- Ostern ist das Fest der Feste, wie bereits die wörtliche Übersetzung „großer Tag" zeigt. Es dauert drei Tage. Bis Christi Himmelfahrt - also 40 Tage lang - grüßt man sich mit **Chrístos wóßkreße!** (Christus ist auferstanden!) und darauf man antwortet mit:

**Wo wíßtina wóßkreße!**
(Wahrhaftig, er ist auferstanden!).

**Gjorgjowden**
- Tag des Heiligen St. Georg (am 6. Mai)

**Nationalfeiertage:**

*2. August (Aufstand gegen die Türken im Jahre 1903)*

*8. September (Tag der staatlichen Unabhängigkeit 1991)*

**gálitschka ßwádba**

- Tag des Heiligen Petrus. Es wird in Galitschnik mit der *"Hochzeit von Galitschnik"* begangen, welches alle Hochzeitsbräuche aus der Galitschnikgegend vereint. (12. Juli)

**ímenden**

- Namenstag. Für die Makedonier sind die Namenstage wichtiger als ihre Geburtstage, die bis vor relativ kurzer Zeit gar nicht gefeiert wurden. Inzwischen jedoch feiert man zweimal: Namenstag und Geburtstag. Man wird zum Namenstag jedoch nicht eigens eingeladen, sondern alle Gäste, auch fremde Personen, sind ohne Vorankündigung willkommen und werden reichlich bewirtet.

Saskia Drude

Zum Friseursalon (Skopje)

## Typisch makedonisch?

Was unterscheidet die Makedonier von Ihren serbischen, bulgarischen und griechischen Nachbarn, was macht sie unverwechselbar? Genau diese Frage entzweit die Gemüter, da sowohl Serben, Bulgaren als auch Griechen die Existenz einer eigenen makedonischen Nation und damit auch eines eigenständigen makedonischen Volkes mit eigener Sprache, Sitten und Bräuchen leugnen. Die Beantwortung einer solchen, mit vielen Emotionen beladenen Frage kann schnell dazu führen, dass man plötzlich zwischen allen Stühlen sitzt. Also halte ich mich an die Fakten:

Makedonien ist einer der jüngsten Staaten Europas. Das Staatsgebiet umfasst 25.713 km² mit ca. 2 Mio. Einwohnern, zusammengesetzt aus 66,5% südslawischen Makedoniern, 22,9% Albanern, 4% Türken, 2% Serben, 2,3% Roma und 2,3% anderen Volksgruppen. Die Mehrheit (ca. 66,7%) der Makedonier ist traditionsgemäß orthodox, ca. 30% sind Moslems, insbesondere die Albaner, und ca. 0,5% sind Katholiken. Seit 1945 ist Makedonisch die einzige Amtssprache, eine mit dem Serbischen, aber noch mehr dem Bulgarischen verwandte Sprache. Sie wird in der Republik Makedonien von etwa 1,3 Millionen Bürgern als Muttersprache gesprochen. Das heutige Makedonisch hat sich erst in der zweiten Hälfte des 19. Jahrhunderts entwickelt. Aus dieser Zeit stammen auch die ersten Zeugnisse einer makedonischen Literatursprache. Als Schriftsprache wurde es erst zu Beginn des 20. Jahrhunderts eingeführt. Das Makedonische baut auf den westmakedonischen Dialekten von Titov Velesch, Prilep, Bitola und Kitschevo auf. Die Bulgaren bezeichneten die makedonische Sprache lange Zeit als westbulgarischen Regionaldialekt. Und die Griechen erkennen das Makedonische aus politischen Gründen immer noch nicht als moderne slawische Sprache an.

Eine eigene Staatsgeschichte wird in Makedonien erst seit Ende des Zweiten Weltkrieges geschrieben. Makedonien, auch Mazedonien genannt, ist als geographischer und historischer Begriff aber viel weiter gefasst als das jetzige Staatsgebiet. Daraus resultieren die politischen Probleme mit Griechenland und lange Zeit auch mit Bulgarien und Serbien.

Der junge Staat Makedonien versucht seine Legitimation nun historisch zu begründen. Es fällt der Name des antiken Eroberungshelden Alexander der Große (356-323 v. Chr.), auch bekannt als Alexander Makedonski (Alexander von Makedonien). Nun hat aber das Makedonien der Antike mit unserem selbständigen Staat Makedonien auch geographisch nur wenig gemeinsam. Wer mag es den Griechen verdenken, dass sie es nicht schätzen, wenn der antike Alexander in die Reihe der großen Vorfahren der slawischen

Makedonier eingegliedert wird, oder dass die „Sonne von Vergina", das Herrschersymbol aus der Grabkammer des Vaters von Alexander dem Großen (Phillipp II.) in die makedonische Staatsflagge übernommen wurde: eine goldene Sonne mit acht Strahlen auf rotem Tuch.

Im 9. Jahrhundert schufen die Brüder Kyrill und Method ein Alphabet für alle Slawen. Sie selbst waren aber keine Slawen. Nur ihre hervorragende Kenntnis des damals um Thessaloniki gesprochenen Slawischen prädestinierte sie für eine solche Aufgabe. Sie stammten aus Makedonien, einem Teil des damaligen Ersten Bulgarischen Reiches (681-1018), welches sich bis zur Ägäis erstreckte. Waren die Brüder nun Bulgaren, Griechen oder Makedonier?

Im 10. Jahrhundert n. Chr. bildet Binnenmakedonien mit Ohrid das geistige und kulturelle Zentrum des Ersten bulgarischen Reiches. Unter Zar Simeon (893-927) war es Hauptstadt und das Reich erlangte seine größte Ausdehnung. Handelt es sich bei dem Herrschaftsgebiet des nachfolgenden Zaren Samuil nun um das erste bulgarische Reich oder um das erste Reich der makedonischen Slawen?

Die damalige Zeit war geprägt von einer ständigen, oft genug kriegerischen Rivalität mit dem Byzantinischen Reich. Zar Samuil bekam 1014 die späte Rache des Byzantiners Basileios zu spüren. Nachdem Khan Krum

(803-814) dem besiegten byzantinischen Kaiser den Kopf abschlagen ließ, auf dass daraus ein silberbeschlagenes Trinkgefäß gefertigt wurde, ließ Kaiser Basileios von jedem Hundertsten der 15.000 gefangengenommenen bulgarischen Krieger ein Auge ausstechen und die restlichen 99 einer Hundertschaft ließ er blenden, damit die Halbblinden die andern zum Zaren Samuil zurückführen könnten. Diese Bluttat bringt Basileios in bulgarischen Geschichtswerken den Beinamen „Bulgarentöter“ (nicht „Makedoniertöter“) ein. Indes ist in makedonischen Geschichtswerken von 15.000 grässlich verstümmelten makedonischen Soldaten die Rede.

Nach den beiden Balkankriegen wurde 1913 das historische und geographische Gebiet Makedoniens von der Jahrhunderte währenden osmanischen Herrschaft befreit. Zehn Jahre zuvor hatte es am 3. August in dem Ort Kruschevo den ersten großen Aufstand der Makedonier gegen die türkische Herrschaft gegeben. Das befreite Makedonien wurde jedoch nicht unabhängig, sondern dreigeteilt: Binnenmakedonien, das sogenannte Vardar-Makedonien (so benannt nach dem Vardar-Fluss) mit Skopje als Zentrum wurde eine serbische Provinz; Pirin-Makedonien (nach dem Pringebirge) fiel an Bulgarien und das Ägäische Makedonien mit dem Zentrum Saloniki wurde ein Teil Griechenlands.

Der serbische Teil Makedoniens erlangte dann 1945 mit der Gründung der Volksrepublik Jugoslawien als Teilrepublik der Föderation staatliche Unabhängigkeit. Wenn auch die Loslösung von Serbien nur einem taktischen Schachzug des aus Kroatien stammenden Staatslenkers Tito zu verdanken war, der damit insbesondere den beherrschenden Einfluss Serbiens auf Makedonien eindämmen wollte, so wurde seitdem unumstritten eigene makedonische Geschichte geschrieben. Und schließlich erreichte Makedonien 1991 die staatliche Selbstständigkeit.

Möge nunmehr jeder für sich selbst die Frage: „Typisch makedonisch?" beantworten. Bei allen Differenzen mit den Nachbarn hinsichtlich der Nationalitätenfrage gibt es dennoch eine ganz wichtige Gemeinsamkeit, und das ist die außerordentlich große Gastfreundschaft!

Saskia Drude

Ehemaliges „Türkisches Bad" in Ostmazedonien

# Floskeln und Redewendungen

## begrüßen

*Unabhängig von der Tageszeit grüßt man mit* **odráwo!** *(sei gegrüßt!, wörtl.: gesundes!)*

*Das Händereichen ist nur bei offiziellen Anlässen üblich, beim ersten Vorstellen und beim letzten Abschied. Sonst wirkt es distanzierend.*

Gute Bekannte grüßen sich mit:

**sdráwo shíwo! káko ßte/káko ßi?**
*gesundes lebendiges wie seid(ihr)/wie bist(du)*
Sei(d) gegrüßt! Wie geht's euch/dir?

**dóbro útro!** Guten Morgen!
**dóbar den!** Guten Tag!
**dóbro wétscher!** Guten Abend!

**dóbrodóschol!**
Herzlich Willkommen! (Ez.)

**dóbrodójdowte!** oder **dóbrodóschli!**
Herzlich Willkommen! (Mz.)

Saskia Drude

Sonderpreis für Ausländer (Ohrid)

## danke

Das makedonische Wort für „danke“ ist sehr lang. Es ist aber oft vermeidbar, indem das aus dem Serbischen stammende einfache **fála** verwendet wird (ist sogar sehr gebräuchlich). Das geht allerdings nur, wenn die Antwort bzw. die Reaktion bloß aus einem einfachen „danke schön!“ **fála mnógu** besteht.

Innerhalb eines makedonischen Satzes muss das makedonische Wort **blagódaram** genommen werden.

**blagódaram mnógu!**
*danke(ich) viel*
Danke sehr!

**Wi blagódaram!**
*Euch danke(ich)*
Ich danke Ihnen!

**ßákam da Wi ße sablagódaram sa ubáwata wétscher!**
*will(ich) Bw Euch sich bedanke(ich) für schön-der Abend*
Ich möchte mich bei Ihnen für den schönen Abend bedanken!

**ß’rdetschno Wi blagódaram!**
*herzlich Euch danke(ich)*
Herzlichen Dank!

**blagódaram mnógu sa Wáschata pómosch!**
*danke(ich) viel für Eure-die Hilfe*
Vielen Dank für Ihre Hilfe!

**néma sa schto.**
*nicht-hat für was*
Keine Ursache.

## bitte

Dafür existieren zwei unterschiedliche Wörter.
- wenn man um etwas bittet, etwas benötigt, sagt man **mólam** (bitte);
- wenn man etwas anbietet, jemanden höflich auffordert, verwendet man das zu beugende **póweli** (Ez.), **powélete** (Mz.) = (bitte sehr; wörtl.: gebieten)

**We mólam, dájte/daj mi ja táschnata!**
*Euch bitte(ich), gebt(Ihr)/gib(du) mir sie Tasche-die*
Bitte, geben Sie/gib mir die Tasche!

**powélete/póweli éwe Wi/ti ja táschnata!**
*gebietet(Ihr)/gebiete(du) hier Euch/dir sie Tasche-die*
Hier ist die Tasche, bitte!

**powélete, wlésete!**
*gebietet(Ihr), eintretet(Ihr)*
Treten Sie ein, bitte!

**powélete, ßédnete!**
*gebietet(Ihr), setzt(Euch)*
Setzen Sie sich, bitte!

Und dabei machen die Makedonier eine auffordernde Geste.

## entschuldigen

Das übertriebene Verwenden von Entschuldigungen ist üblich, auch bei Fragen, und gilt als besonders höflich.

**iswínete, káde ße náogja póschtata?**
*entschuldigt(Ihr), wo sich befindet Post-die*
Entschuldigung, wo befindet sich die Post?

**shálam, ne snam káde ße náogja póschtata.**
*bedaure(ich) nicht weiß(ich) wo sich befindet Post-die*
Es tut mir Leid, ich weiß nicht, wo sich die Post befindet.

**shal mi e mnógu schto ne mósham da Wi/ti pómognam.**
*traurig mIr ist viel was nicht kann(ich) Bw Euch/dir helfe(ich)*
Es tut mir Leid, dass ich Ihnen nicht helfen kann.

**próßtete/próßti sa móeto odneßúwanje od wtschéra!**
*verzeiht(Ihr)/verzeihe(du) für mein-das Benehmen von gestern*
Entschuldigen Sie/entschuldige bitte mein gestriges Benehmen.

**ßákam da ße íswinam sa móeto dóznenje.**
*will(ich) Bw sich entschuldige(ich) für mein-die Verspätung*
Ich möchte mich für meine Verspätung entschuldigen.

**próßtete póradi mójata saboráwenoßt!**
*entschuldigt(Ihr) wegen meine-die Vergesslichkeit*
Entschuldigen Sie meine Vergesslichkeit!

**próßtete, tóa bésche (mála, gólema) gréschka!**
*verzeiht(Ihr), das war (kleine, große) Fehler*
Verzeihung, das war ein (kleiner, großer) Fehler!

**mnógu mi e shal.**
*viel mir ist traurig*
Es tut mir sehr Leid.

## verabschieden

*Hoffentlich braucht man nie und niemandem* **sbógum!** *(Lebe wohl! Auf Nimmerwiedersehen!) zu sagen.*

**dowidúwanje!** oder **doglédanje!**
Auf Wiedersehen!

**príjatno!**
*angenehm*
Mach's gut!

**kje ße wídime!**
*Z uns sehen(wir)*
Bis dann!

**do útre!**
*bis morgen*
Bis morgen!

**aj, ßo sdráwje!**
*also, mit Gesundheit*
Also, bleib gesund!

**mnógu sdráwje na ßíte!**
*viel Gesundheit an alle*
Viele Grüße an alle!

*Junge Leute oder Bekannte verabschieden sich jedoch gewöhnlich mit dem bekannten italienischen ciao oder eingedeutscht tschau!*

**tscháu, mómzi/détschki!**
Tschau, Jungs!

**chájde, tscháu!**
Also, tschau!

**láka nokj!**
*leichte Nacht*
Gute Nacht!

# Anrede

**D**ie gebräuchlichste Form der Anrede ist das **ti** (du), und zwar nicht nur unter jungen Leuten, sondern auch unter Kollegen.

Wenn man sich noch nicht kennt, sollte man jedoch selbst den Jugendlichen mit **Wíe** (Sie) ansprechen.

Mehrere Personen muss man ohnehin mit **wíe** anreden, da dieses persönliche Fürwort im Makedonischen der 2. Person Mehrzahl entspricht. „Habt Ihr?“ bedeutet zugleich „Haben Sie?“.

Leute aller Altersstufen, die sich sympathisch finden, gehen aber oft rasch zum vertraulichen **ti** über. Das Wíe ist im Makedonischen mehr ein Ausdruck der Höflichkeit als der Distanz.

*Wenn die höfliche Form gemeint ist, schreiben wir in diesem Bändchen* **Wíe** *groß.*

**iswínete, dáli ßte Wíe góßpodin Níkolow?**
*entschuldigt(Ihr), ? seid Ihr Herr Nikolow*
Entschuldigen Sie, sind Sie Herr Nikolow?

| **góßpodín Nikolow** | **góßpogja Nikólowa** |
|---|---|
| Herr Nikolow | Frau Nikolowa |

Aber als Anrede an eine bestimmte Person ohne Nennung des Namens:

| **goßpódine** | **góßpogjo** |
|---|---|
| (mein)Herr | (verehrte)Dame |

**iswínete, káde e goßpógjata Nikólowa?**
*entschuldigt(Ihr), wo ist Frau-die Nikolowa*
Entschuldigen Sie, wo ist Frau Nikolowa?

**potschitúwani Dámi i Góßpoda!**
Sehr geehrte Damen und Herren!

Wenn man mit den Anredeformen Schwierigkeiten haben sollte, ist es am leichtesten, alles zu umgehen und den Satz mit einer höflichen Floskel zu beginnen. Das bietet sich besonders bei Fragen oder Bitten an.

| | |
|---|---|
| **iswínete (mólam)** | Verzeihen Sie (bitte). |
| **próßtete (mólam)** | Entschuldigen Sie (bitte). |
| **káshete mi (mólam)** | Sagen Sie mir (bitte). |
| **doswólete (mólam)** | Gestatten Sie (bitte)/ Erlauben Sie (bitte). |

Дозволете ми да ви се обратам со следново прашање ...
**doswólete mi da Wi ße óbratam ßo ßlédnowo práschanje ...**
*erlaubt(Ihr) mir Bw Euch sich wende(ich) mit folgender Frage ...*
Gestatten Sie, dass ich mich an Sie mit der Frage wende ...

oder ganz einfach:

Извинете, имам едно прашање (еден предлог) до вас!
**iswínete, ímam édno práschanje (éden prédlog) do Waß!**
*entschuldigt(Ihr), habe(ich) eine Frage (einen Vorschlag) an Euch*
Entschuldigung, ich habe eine Frage (einen Vorschlag) an Sie!

| | |
|---|---|
| **prijátele! (príjatel)** | He, Freund! |
| **déwojko/déwojtsche!** (**déwojka**) | He, Mädchen! |
| **kómschija** | Herr Nachbar! |
| **o, bóshe! (bog)** | O, Gott! |
| **o, góßpode! (góßpod)** | O, Gott! |

Kleinere Kinder sprechen die Erwachsenen mit **tschítschko** (Onkel) und **tétko** (Tante) an. Es kann passieren, dass man auf der Straße gefragt wird:

**tschítschko (tétko), dáli móshete da mi káshete**
*Onkel (Tante), ? könnt(Ihr) Bw mir sagt(Ihr)*
**kólku e tscháßot?**
*wieviel ist Uhr-die*
Onkel (Tante), können Sie mir bitte sagen, wie spät es ist?

Zärtlichere Anreden sind durchaus üblich!

**káko ßi ßíne moj?**
*wie bist(du) Sohn mein*
Wie geht es dir, mein Sohn?

**káko ßi pílenze móe?** (zu einem Kind)
*wie bist(du) Vögelchen meines*
Wie geht es dir, mein Vögelchen?

**ßrékjo mója!**
*Glück mein*
Mein Schatz!

*Das Folgende noch zur Information:*

*Wenn sich der neue Bekannte mit* **Íwan** *(Rufname) vorstellt, so wird er mit* **Iwáne** *angesprochen,* **Stójan - Stójane**.

*Heißt die Frau* **Bíljana**, *wird sie* **Bíljano** *oder* **Bíljanke**, **Bíljantsche** *gerufen.*

# Anrede

**tschédo moe!**
*Kindchen meines*
Mein Kindchen!

**ljúbow mója!**
*Liebe meine*
Meine Liebe!

**ß'rze móe!**
*Herz meines*
Mein Herz!

**dúscho moja!**
*Seele meine*
Meine Seele!

**káko ßi dúschitschke mója?**
*wie bist(du) Seelchen meine*
Wie geht es dir mein Seelchen?

Tomáš Miček

# Das erste Gespräch

**sbórite li ...**
*sprecht(Ihr) ?*
Sprechen Sie ...

**makédonßki, gérmanßki, fránzußki, ánglißki, rúßki, búgarßki?**
*Makedonisch, Deutsch, Französisch, Englisch, Russisch, Bulgarisch*
Makedonisch, Deutsch, Französisch, Englisch, Russisch, Bulgarisch?

| | |
|---|---|
| **da** | ja |
| **ne** | nein |
| **pómalze/pómalku** | ein wenig |
| **pa da!** | Aber ja! |
| **da, ßo sádolßtwo.** | Ja, mit Vergnügen. |

**káko ße wíkate?**
*wie sich ruft(Ihr)*
Wie heißen Sie?

**káko ße wíkasch?**
*wie sich rufst(du)*
Wie heißt du?

**jaß ße wíkam Peter.**
*ich sich rufe Peter*
Ich heiße Peter.

**mílo mi e, Peter.**
*lieb mir ist, Peter*
Angenehm, Peter.

**me ráduwa schto We/te sáposnaw!**
*mich freut was Euch/dich kennenlerne(ich)*
Ich freue mich, Sie/dich kennenzulernen.

**kólku gódini ímate/ímasch?**
*wieviel Jahre habt(Ihr)/hast(du)*
Wie alt sind Sie/bist du?

**jaß ímam dwáeßet i ßédum gódini.**
*ich habe zwanzig und sieben Jahre*
Ich bin siebenundzwanzig Jahre alt.

**Wíe ßte/ti ßi pet gódini pómlad/póßtar od méne.**
*Ihr seid/du bist fünf Jahre jünger/älter als mich*
Sie sind/Du bist fünf Jahre jünger/älter als ich. (für einen Mann!)

**Wíe ßte/ti ßi pet gódini pómlada/póßtara od méne.**
*Ihr seid/du bist fünf Jahre jüngere/ältere als mich*
Sie sind/Du bist fünf Jahre jünger/älter als ich. (für eine Frau!)

**shénet /omáshena li ßte/ßi?**
*verheiratet (mit einer Frau/einem Mann) ? seid(Ihr)/bist(du)*
Sind Sie/bist du verheiratet?

**ímate/ímasch li déza?**
*habt(Ihr)/hast(du) ? Kinder*
Haben Sie/hast du Kinder?

**ímam kjérka i ßin.**
*habe(ich) Tochter und Sohn*
Ich habe eine Tochter und einen Sohn.

**jaß ímam dwe déza, mómtsche i mómitsche.**
*ich habe zwei Kinder, Junge und Mädchen*
Ich habe zwei Kinder, einen Jungen und ein Mädchen.

**ímate/ímasch li brákja i ßéßtri?**
*habt(Ihr)/hast(du) ? Brüder und Schwestern*
Haben Sie/hast du Geschwister?

**od káde ßte Wíe?**
*von wo seid Ihr*
Woher kommen Sie?

**od káde ßi?**
*von wo bist(du)*
Woher bist/kommst du?

**jaß ßum od Leipzig.**
*ich bin von Leipzig*
Ich bin aus Leipzig.

**jaß ßum gérmanez /gérmanka.**
*ich bin Deutscher (Deutsche)*
Ich bin Deutscher (Deutsche).

**níe ßme gérmanzi.**
*wir sind Deutsche*
Wir sind Deutsche.

| | männlich | weiblich | Mehrzahl |
|---|---|---|---|
| Ausländer | **túgjinez** | **túgjinka** | **túgjinzi** |
| Makedonier | **makédonez** | **makédonka** | **makédonzi** |
| Serbe | **ß'rbin** | **ß'rbinka** | **ß'rbi** |
| Albaner | **álbanez** | **álbanka** | **álbanzi** |
| Roma | **rom** | **rómka** | **rómi** |
| Bulgare | **búgarin** | **búgarka** | **búgari** |
| Türke | **túrtschin** | **túrtschinka** | **túrzi** |
| Schweizer | **schwájzarez** | **schwájzarka** | **schwájzarzi** |
| Österreicher | **awßstríjanez** | **awßtrijánka** | **awßtríjzi** |
| Holländer | **cholángjanez** | **cholángjanka** | **cholángjani** |

**schto rabótite/rábotisch?**
*was arbeitet(Ihr)/arbeitest(du)*
Was arbeiten Sie/arbeitest du?

**jaß ßum ...**
Ich bin ...

| | |
|---|---|
| **útschenik / utschénitschka** | Schüler/Schülerin |
| **ßtudént /ßtudéntka** | Student/Studentin |
| **rábotnik / rabótnitschka** | Arbeiter/Arbeiterin |
| **ßlúshbenik / ßlushbénitschka** | Angestellter/Angestellte |
| **útschitel / utschítelka** | Lehrer/Lehrerin |
| **lékar / lékarka** | Arzt/Ärztin |
| **pródawatsch / prodáwatschka** | Verkäufer/Verkäuferin |
| **gótwatsch / gótwatschka** | Koch/Köchin |
| **pensionér / pensionérka** | Pensionär/Pensionärin |
| **medizínßka ßéßtra** | Krankenschwester |
| **domákjinka** | Hausfrau |
| **wóeno líze** | Militärperson |
| **wójnik** | Soldat |
| **wósatsch** | Fahrer |
| **t'rgowez** | Kaufmann |
| **nówinar / nowínarka** | Journalist/Journalistin |
| (aber auch **shurnalíßt**) | |

## Wie geht's?

Eine allgemeine Frage, mit der man ein Gespräch beginnen oder eine Bekanntschaft schließen kann, ist:

**káko e?**
*wie ist*
Wie geht's so?

**kje bíde nékako.**
*Z wird irgendwie*
Es wird schon gehen.

**káko ßte/ßi?**
*wie seid/bist*
Wie geht es Ihnen/dir?

**dóbar ßum.**
*gut bin(ich)*
Es geht mir gut.

Eine übliche Antwort ist:

**fála dóbro**
danke, gut

**ódlitschno**
ausgezeichnet

**me ráduwa schto ßi dóbar.**
*mich freut dass bist(du) gut*
Ich freue mich, dass es dir gut geht.

**árno, góre dólu.**
*geht, oben unten*
Es geht (mal so, mal so).

**fála mu na Góßpoda, dóbri ßme.**
*Dank ihm an Gott-dem, gut sind(wir)*
Gott sei Dank, es geht uns allen gut

*(auf die ganze Familie bezogen).*

**ne tschínam.**
*nicht fühle(ich)*
Ich fühle mich nicht wohl.

**bólen/bólna ßum.**
*krank(m/w) bin*
Ich bin krank.

**náßtinat/naßtínata ßum.**
*erkältet(m/w) bin*
Ich bin erkältet.

**gláden/gládna ßum**
*hungrig(m/w) bin*
Ich habe Hunger.

**shéden/shédna ßum.**
*durstig(m/w) bin*
Ich habe Durst.

**ßtraw mi e.**
*Angst mir ist*
Ich habe Angst.

**tóplo/ládno mi e.**
*warm/ kühl mir ist*
Es ist mir warm/kühl.

**mi ßtúdi.**
*mir kalt*
Es ist mir kalt.

**ße ráduwam (mnógu).**
*mich freue(ich) (viel)*
Ich freue mich (sehr).

**déneßka ßum mnógu sadówolen/sadówolna.**
*heute bin viel zufrieden(m/w)*
Heute bin ich sehr zufrieden.

**nesadówolen/nesadówolna**
*unzufrieden(m/w)*
**jaß ßum ...**
*ich bin ...*
Ich bin ...

| | |
|---|---|
| **... ßrékjen/ßrékjna.** | glücklich. |
| **... táshen/táshna.** | traurig. |
| **... néßrekjen/néßrekjna.** | unglücklich. |
| **... úmoren/úmorna** | müde. |
| **... mnógu rádoßen/rádoßna.** | sehr froh. |

nehru@fotolia.com

Insel im Prespasee

# Wünsche

*Wenn die neuen Bekannten einen Anlass zum Feiern haben, sind Blumen genauso wie bei uns eine nette Geste.*

**mnógu pósdrawi od méne do ...**
*viel mehrgesunde von mir an*
Viele Grüße von mir an ...

**Wi/ti poshéluwam b'rso osdrawúwanje!**
*Euch/dir wünsche(ich) schnelle Genesung*
Ich wünsche Ihnen/dir gute Besserung!

**ßrékjen pat!** oder **dóbar pat!**
*glücklicher Weg od. guter Weg*
Gute Reise/Fahrt!

**príjaten (dóbar) ßon!**
*angenehmer (guter) Traum*
Schlafen Sie/schlaf gut!

**ßrékjen prásnik!**
*glückliches Fest*
Frohes Fest!

**ßé najúbawo!**
*alles schönstes*
Alles Gute!

Срекна нова година!
**ßrékjna nówa gódina**
Glückliches neues Jahr!

Среќен Божик!
**ßrékjen Bóshik!**
Frohe Weihnachten!

Среќен Велигден!
**ßrékjen Wéligden**
Frohe Ostern!

**ßwádba**
Hochzeit

**ßwádbeni dárowi**
Hochzeitsgeschenke

Вам и на вашето семејство ви пожелувам све најубаво!
**Wam i na wáscheto ßémejßtwo Wi poshéluwam ßwé najúbawo!**
*Euch und auf euer-die Familie Euch wünsche(ich) alles schönstes*
Ihnen und Ihrer Familie wünsche ich alles Gute!

Среќен роденден (именден, празник)!
**ßrékjen ródenden (ímenden, prásnik)!**
*glücklichen Geburtstag (Namenstag, Fest)*
Herzlichen Glückwunsch zum Geburtstag (Namenstag, Fest)!

Честит роденден (именден, празник)!
**tschéßtit ródenden (ímenden, prásnik)!**
*ehrenvollen Geburtstag (Namenstag, Fest)*
Herzlichen Glückwunsch zum Geburtstag (Namenstag, Fest)!

## Auffordern

Ве молам, не пречете!
**We mólam, ne prétschete!**
*Euch bitte(ich) nicht stört(Ihr)*
Bitte nicht stören!

Почекајте/почекај еден момент, ве/те молам!
**potschékajte/pótschekaj éden momént, We/te mólam !**
*wartet(Ihr)/warte(du) einen Moment, Euch/dich bitte(ich)*
Warten Sie/warte bitte einen Moment!

**wlésete/wlési, mólam!**
*eintretet(Ihr)/eintritt(du), bitte(ich)*
Treten Sie/tritt bitte ein!

## Auffordern

**powélete/póweli!**
*gebietet(Ihr)/gebiete(du)*
Bitte schön!

**ßédnete/ßédni, mólam!**
*setzt(Euch)/setz(dich), bitte(ich)*
Setzen Sie sich/setz dich bitte!

**pokáshete/pókashi, mólam!**
*zeigt(Ihr)/zeige(du), bitte(ich)*
Zeigen Sie/zeige bitte!

**dájte/daj mi go tóa!**
*gebt(Ihr)/gib(du) mir es das*
Geben Sie/gib mir das!

**pomógnete/pómogni mi, mólam!**
*helft(Ihr)/hilf(du) mir, bitte(ich)*
Helfen Sie/hilf mir bitte!

**preßtánete/préßtani (ódma)!**
*aufhört(Ihr)/aufhöre(du) (sofort)*
Hören Sie/höre (sofort) auf!

**némojte/némoj da me tschékate/tschékasch**
*nicht-könnt(Ihr)/nicht-kannst(du) Bw mich wartet(Ihr)/wartest(du)*
Bitte warten Sie/warte nicht auf mich!

**ájde da ódime!**
*los Bw gehen(wir)*
Los, gehen wir/lasst uns gehen!

## allgemeine Fragen

Извинете, можете ли да ми помогнете?
**iswínete, móshete li da mi pomógnete?**
*entschuldigt(Ihr), könnt(Ihr) ? Bw mir helft(Ihr)*
Können Sie mir bitte helfen?

Со што можам да ви/ти помогнам?
**ßo schto mósham da Wi/ti pómognam?**
*mit was kann(ich) Bw Euch/dir helfe(ich)*
Womit kann ich Ihnen/dir helfen?

**schto e tóa?**
*Was ist das?*
Was ist das?

**ßákate/ßákasch li ...?**
*wollt(Ihr)/willst(du) ?*
Wollen Sie/willst du ...?

**schto wélite/wélisch?**
*was sagt(Ihr)/sagst(du)*
Was sagen Sie/sagst du?

**ímate/ímasch li néschto prótiw?**
*habt(Ihr)/hast(du) ? etwas dagegen*
Haben Sie/hast du etwas dagegen?

**schto íma nówo?**
*was gibt Neues*
Was gibt es Neues?

**schto ße ßlútschilo?**
*was sich passiert*
Was ist passiert?

**schto ßákate/ßákasch?**
*was wollt(Ihr)/willst(du)*
Was möchten Sie/möchtest du?

Каде одите/одиш?
**káde ódite/ódisch?**
*wohin geht(Ihr)/gehst(du)*
Wohin gehen Sie/gehst du?

Од каде доаѓате/доаѓаш?
**od káde doágjate/doágjasch?**
*woher kommt(Ihr)/kommst(du)*
Woher kommen Sie/kommst du?

Каде живеете/живееш?
**káde shiwéete/shíweesch?**
*wo wohnt(Ihr)/wohnst(du)*
Wo wohnen Sie/wohnst du?

**sadówolen/sadówolna li ßte/ßi?**
*zufrieden(m/w) ? seid(Ihr)/bist(du)*
Sind Sie/bist du zufrieden?

**káko ße ßlútschi tóa?**
*wie sich passiert das*
Wie ist das passiert?

**ßóglaßen/ßóglaßna li ßte/ßi?**
*einverstanden(m/w) ? seid(Ihr/bist(du)*
Sind Sie/bist du einverstanden?

**káko Wi/ti ße dópagja?**
*wie Euch/dir sich gefällt*
Wie gefällt es Ihnen/dir?

**schto bárate/bárasch túka?**
*was sucht(Ihr)/suchst(du) hier*
Was machen Sie/machst du hier?

# zustimmen, ablehnen

| | |
|---|---|
| **da, dóbro** | ja, gut |
| **ne, lóscho** | nein, schlecht |
| **práwilno** | richtig |
| **nepráwilno** | nicht richtig |
| **snam** | ich weiß |
| **ne snam** | ich weiß nicht |
| **rásbiram** | ich verstehe |
| **ne rásbiram** | ich verstehe nicht |
| **ßákam** | ich will |
| **ne ßákam** od. **nékjam** | ich will nicht |
| **obékjawam** | ich verspreche |
| **ne obékjawam** | ich verspreche es nicht |

**ßo gólemo sadowólßtwo**
*mit großem Vergnügen*
sehr gern

**bes sadowólßtwo**
*ohne Vergnügen*
nicht gern

**dóbro, ßwe e káko schto tréba.**
*gut, alles ist wie was soll*
Gut, alles ist, wie es sein soll.

**ßwe e wo red.**
*alles ist in Ordnung*
Alles ist in Ordnung.

## zustimmen, ablehnen

**ßе rásbira**
*sich versteht*
selbstverständlich

**dóßta mi e.**
*genug mir ist*
Es reicht mir.

**Wíe némate/ti némasch práwo.**
*Ihr nichthabt/du nichthast recht*
Sie haben/du hast nicht recht.

**ówa ne mi ße dópagja.**
*das nicht mir sich gefällt*
Das gefällt mir nicht.

**jaß (ne) ßum ßóglaßen/ßóglaßna.**
*ich (nicht) bin einverstanden(m/w)*
Ich bin (nicht) einverstanden.

**némate/némasch gólema srékja.**
*nicht-habt(Ihr)/nicht-hast(du) großes Glück*
Sie haben/Du hast kein großes Glück.

**jaß (ne) mósham tóa da go náprawam.**
*ich (nicht) kann das Bw es mache(ich)*
Ich kann das (nicht) machen.

**ówa (ne) e wósmoshno.**
*das (nicht) ist möglich*
Das ist (nicht) möglich.

# die Familie

Die Familie (**ßémejßtwo**) genießt großes Ansehen. Junge Leute müssen lange bei den Eltern wohnen, denn der Besitz einer eigenen Wohnung oder eines Hauses ist eine Lebensaufgabe. Bis dahin leben die Generationen unter einem Dach zusammen. Das kann natürlich zu Reibereien führen. Andererseits wird in dieser Gesellschaft praktisch keiner allein gelassen. Makedonier heiraten relativ früh und neun Monate später kommt sicher das erste Kind. Die Frau übernimmt den Namen des Mannes. Aus Tradition erhält das Kind den Namen der Oma oder des Opas, je nachdem ob Mädchen oder Junge.

| име | презиме (татково) | фамилно |
|---|---|---|
| **íme** | **présime (tátkowo)** | **fámiliárno** |
| *Name* | *Vatersname* | *Familienname* |

zum Beispiel: Janko Mitkow Todorow

**ßeméjßtwoto íma édno (dwe, tri ...) déza.**
*Familie-die hat eins (zwei, drei ...) Kinder*
Die Familie hat ... Kinder.

Јас немам деца.
**jaß némam déza.**
*ich nicht-habe Kinder*
Ich habe keine Kinder.

Детето/децата нема/немат татко/мајка.
**déteto/dézata néma/némat tátko.**
*Kind-das/Kinder-die nicht-hat/nicht-haben Vater*
Das Kind hat/die Kinder haben keinen Vater.

Тоа е сираче.
**tóa e ßíratsche**
Es ist ein Waisenkind.

Тие се сираци/сирачиња.
**tíe ße ßírazi** oder **ßirátschinja**
Sie sind Waisenkinder.

**toj e néshenet, shénot, rásweden, wdówez.**
Er ist ledig, verheiratet, geschieden, Witwer.

**táa e neomáshena, omáshena, raswédena, wdówiza.**
Sie ist ledig, verheiratet, geschieden, Witwe.

**táa e brémena**
Sie ist schwanger

| | |
|---|---|
| **goßt/góßti** | Gast/Gäste |
| **imame góßti** | wir haben Besuch |

| ródnina/ródnini | Verwandte/Mz. |
|---|---|
| **rodíteli** | Eltern |
| **bába** | Oma |
| **dédo** | Opa |
| **májka** | Mutter |
| **tátko** | Vater |
| **déte, déza** | Kind, Kinder |
| **kjérka** | Tochter |
| **ßin** | Sohn |
| **ßéßtra** | Schwester |
| **brat, brákja** | Bruder, Brüder |
| **noworódentsche** | Baby |
| **mómtsche** | Junge |
| **mómitsche/déwojtsche** | Mädchen |
| **wnuk, wnúzi** | Enkel oder Neffe(n) |
| **wnúka** | Enkelin oder Nichte |
| **set** | Schwiegersohn |
| **ßnáa** | Schwiegertochter |
| **brátutsched** | Cousin |
| **bratútschedka** | Cousine |
| **ßwék'rwa** | Schwiegermutter (mütterl.) |
| **ßwékor** | Schwiegervater (mütterl.) |
| **téschta** | Schwiegermutter (väterl.) |
| **teßt** | Schwiegervater (väterl.) |
| **tschítschko** | Onkel (väterl.) |
| **wújko** | Onkel (mütterl.) |
| **tétka** | Tante (mütterl.und väterl.) |
| **ßtrína** | Tante (väterl.) |
| **wújna** | Tante (mütterl.) |
| **tétin** | Onkel (mütterl.und väterl.) |

*Bei manchen Verwandten nimmt man es genau, wichtig ist, ob mütterlicher- oder väterlicherseits, siehe weiter unten.*

*Blutsverwandte*

*Eingeheiratete*

# eingeladen sein

Im allgemeinen sind spezielle Einladungen (**pókana**) nicht üblich. Wenn man jemandem sympathisch ist, wird man gleich mitgenommen oder man hört höchstens, dass man einmal vorbeikommen soll. Dabei wird kein Tag und keine Uhrzeit genannt. Man ist ständig auf Gäste eingestellt und wird sich immer über den Kommenden freuen. Die Makedonier leben nicht so zurückgezogen wie wir, sondern viel mehr miteinander. Deshalb nicht erstaunt sein, wenn man nicht der einzige Gast an einem Abend ist.

Allerdings kann es passieren, dass ebenso selbstverständlich bei Ihnen, wo auch immer Sie untergekommen sind, unangemeldeter makedonischer Besuch erscheint!

**poßétete/póßeti me nékogasch!**
*besucht(Ihr)/besuche(du) mich irgendwann*
Besuchen Sie/besuche mich irgendwann!

**nawrátite/náwrati do méne (do naß)!**
*kommt(Ihr)/komm(du) zu mir (zu uns)*
Kommen Sie/komm mal vorbei!

**kje dójdam ßo sadowólßtwo.**
*(Z) komme(ich) mit Vergnügen*
Ich komme gern.

**kje We/te sémam od chotélot.**
*(Z) Euch/dich nehme(ich) von Hotel-dem*
Ich werde Sie/dich vom Hotel abholen.

**kóga i káde kje ße wídime?**
*wann und wo (Z) uns sehen(wir)*
Wann und wo werden wir uns sehen?

**kóga ímate wréme da ße wídime?**
*wann habt(Ihr) Zeit Bw uns sehen(wir)*
Wann haben Sie Zeit?

**koj broj tschéwli nóßite/nóßisch?**
*welche Größe Schuhe tragt(Ihr)/trägst(du)*
Welche Schuhgröße haben Sie/hast du?

**jaß nóßam tschéwli broj tríeßet i óßum.**
*ich trage dreißig und acht Größe Schuhe*
Ich trage Schuhgröße achtunddreißig.

**níe ímame ißt broj.**
*wir haben gleiche Größe*
Wir haben die gleiche Größe.

| | |
|---|---|
| **kónduri** oder **tschéwli** | Schuhe |
| **ßándali** | Sandaletten |
| **pápudshi** | Hausschuhe |
| **máshki/shénßki** | Herren-/Damen- |

*Wenn man jemanden zu Hause besucht, heißt die oberste Devise:* ***Schuhe ausziehen!*** *(Oft sind die Straßen schmutzig und die öffentlichen Toiletten sowieso.) Das Wohnzimmer zu betreten, ist besonders auf dem Lande noch immer ein Festakt und nur besonderen Anlässen vorbehalten.*

*Trotz der Aufforderung, die Schuhe anzubehalten, folge man dem ungeschriebenen Gesetz und entledige sich seines Schuhwerks.*

## Unterhaltung

Man unterhält sich über Gott und die Welt und vor allem über das liebe Geld. Deshalb braucht man sich nicht zu wundern, wenn einem folgende Frage gestellt wird:

**kólku isnéßuwa twójata (méßetschna) pláta?**
*wieviel beträgt dein (monatlicher) Lohn*
Wie hoch ist dein (Monats-)Lohn?

**dwe iljadi ewra.**
*zwei tausende Euro*
2 000 Euro.

**pa dóbro e.**
*nun gut ist*
Das ist aber gut.

**pa snáete li, níe ne ßme bogátaschi.**
*nun wisst(Ihr) ?, wir nicht sind Reiche*
Nun wisst Ihr, dass wir nicht reich sind.

**kaj naß shíwotot e mnógu póßkap.**
*bei uns Leben-das ist viel teurer*
Bei uns ist das Leben teurer.

**nédelno tróschime ókolu tschetiríßtotin**
*wöchentlich ausgeben(wir) ungefähr 400*
**ewra sa prechránbeni prodúkti.**
*Euro für ernährliche Produkte*
Wöchentlich geben wir ca. 400 Euro für Lebensmittel aus.

**na wíßtina?**
*auf Wahrheit*
Ist es wahr?

**ßámo kiríjata od náschata kúkja**
*nur Miete von unser-das Haus*
**(náschiot ßtan) kóschta íljada ewra.**
*(unsere-die Wohnung) kostet 1000 Euro*
Allein die Miete für unser Haus (unsere Wohnung) kostet 1000 Euro.

**newósmoshno!**
Unmöglich!

**pa táka e kaj naß, wo Germanija.**
*nun so ist bei uns, in Deutschland*
So ist es aber bei uns in Deutschland.

Zum Leben gehören nicht nur Hochzeit (**ßwádba**) und Geburt (**rágjanje**), sondern auch der Tod (**ßm'rt**). Alle drei Anlässe sind gesellschaftliche Ereignisse ersten Ranges, bei denen sich die gesamte Verwandtschaft, Freunde, Bekannte, Kollegen und Nachbarn treffen. Auch die Teilnahme an einem Begräbnis (**pógreb**) kann sich manchmal als unumgänglich erweisen. Damit man selbst dann nicht ganz sprachlos ist, hier einige Hinweise:

Über dem Eingang des Trauerhauses wird ein großes schwarzes Tuch festgenagelt. Einige enge Verwandte oder dem Toten sehr Nahestehende bleiben die ganze Nacht bei ihm. Gedächtnisfeiern (**pómen**) werden am dritten, neunten und vierzigsten Tag nach dem Ableben sowie nach sechs, zwölf und sechsunddreißig Monaten und noch einmal nach zehn Jahren abgehalten. Während sich die Frauen ganz in schwarz kleiden und ein Kopftuch tragen, rasieren sich trauernde Männer bis zum vierzigsten Tag nach dem Tod einer nahestehenden Person nicht. Da es unüblich ist, Traueranzeigen in die Zeitung zu setzen, künden gedruckte Nekrologe mit Porträt und Lebensdaten, die an verschiedensten Stellen (z.B. an Strommasten) angebracht sind, vom traurigen Ereignis oder einer Gedächtnisfeier für den Verstorbenen.

**ßm'rtna prítschina**
Todesursache

**toj úmrel/táa úmrela ...**
er/sie ist gestorben ...

**... od rak** ... an Krebs
**... od infárkt** ... an einem Infarkt

**... wo éden néßrekjen ßlútschaj**
... durch ein Unglück

**... wo ßoobrákjana néßgoda**
... durch einen Verkehrsunfall

**prímete móeto ßótschuwßtwo.**
*empfangt(Ihr) mein-das Mitgefühl*
Mein herzliches Beileid.

## Geschenke

Geschenke (**pódarok**) werden nur zu besonderen Anlässen gemacht. Allerdings besteht ein besonderes Interesse an allem Fremden. Westliche Ausländer werden geachtet und ausländische Erzeugnisse hoch geschätzt.

Sonst kann man in Makedonien auch eine Flasche Schnaps, Sekt oder Blumen kaufen, worüber sich die Gastgeber auch freuen würden. Westgeld zu schenken sollte nur eine Notlösung sein, zumal es schwierig ist, die jeweils angemessene Höhe zu bestimmen. Mitgebrachte Familienfotos werden die Verständigung erleichtern und die Atmosphäre beleben.

Probleme hat der Makedonier mit dem Annehmen von Geschenken. Es gehört zu den Spielregeln, dass man ihn immer wieder drängen muss, das Mitgebrachte nicht abzulehnen. Schließlich wird er es in der vollen Überzeugung, damit jemandem einen Gefallen zu tun, doch behalten. Kinder sind dagegen unkompliziert. Sie nehmen die mitgebrachten Süßigkeiten sofort gern entgegen, und diese sollte man - wenn Kinder in der Familie vorhanden sind - auch immer dabei haben.

*Ein kleines Mitbringsel empfindet man als nette Geste. Am besten ist es, schon zu Hause für alle Fälle etwas ins Reisegepäck zu stecken. Über Kosmetik, Süßigkeiten, Kaffee wird sich bei einer Spontaneinladung jeder freuen.*

**éden mal pódarok sa Waß (sa tébe).**
*ein kleines Geschenk für Euch (für dich)*
Ein kleines Geschenk für Sie (für dich).

## Abendessen

Ein Abendessen (**wétschera**) ist ein geselliger Akt und kann sich über die gesamte Nacht hinziehen. Es beginnt mit einem mése, einer Zuspeise zu Schnaps oder Wein. Meist sind es Gemüsesalat, Käse oder kleine Wurstscheiben, die am liebsten zu selbstgebranntem **rákija** angeboten werden.

Abgeräumt wird nicht, stattdessen wird ständig nachgereicht und neu eingeschenkt. Alles, was Küche und Kühlschrank beherbergen, kommt auf den Tisch. Manchmal ist der voller, als es das Lebensniveau der Familie eigentlich erlaubt. Das heißt, man ist für Gäste sogar bereit, sich zu verschulden.

**rákija** *ist ein mindestens 60 %iger Schnaps. Deshalb Vorsicht, dieser Schnaps hat es in sich! Es ist ein schwieriges Unterfangen, beim Trinken mit den Gastgebern mithalten zu wollen. Besser ist es, nur kleine Schlucke zu nehmen.*

Für unser „Zum Wohl!" gibt es im Makedonischen drei Auswahlmöglichkeiten:

**nasdráwje!**
*auf Gesundheit*
Zum Wohl!

**shíweli!** (serbisch)
*leben*
Auf das Leben!

**da shiwéeme**
*sollen wir leben*
Auf unser Leben!

**dóbar apetít!**
*guten Appetit*
Guten Appetit!

**mnógu e wkúßno!**
*viel ist lecker*
Es ist sehr lecker/schmackhaft!

Die Hausfrau wird immerzu wiederholen:

**jádete/jádi íma dówolno!**
*esst(Ihr)/iss(du) gibt genug*
Essen Sie/iss, es gibt genug!

**Wi/ti blagódaram mnógu,**
*Euch/dir danke(ich) viel,*
**ne mósham pówekje da jádam!**
*nicht kann(Ich) mehr Bw esse(ich)*
Ich danke Ihnen/dir sehr,
ich kann nicht mehr essen!

**Wi/ti blagódaram mnógu, ßit ßum.**
*Euch/dir danke(ich) sehr, bin satt*
Ich danke Ihnen/dir sehr, ich bin satt.

**mnógu ßum úmoren/úmorna**
*viel bin müde(m/w)*
Ich bin sehr müde.

**ßákam da ßpíjam.**
*will(ich) Bw schlafe(ich)*
Ich möchte schlafen.

**bésche mnógu úbawo.**
*war(es) viel schön*
Es war sehr schön.

**Wi blagódaram sa goßtoprímßtwoto!**
*Euch danke(ich) für Gastfreundschaft-die*
Ich danke Ihnen für die Gastfreundschaft!

**Wíe ßékogasch ßte mi dobrodójdeni.**
*Ihr immer seid mir gutgekommt*
Sie sind mir stets willkommen.

*Mit dem Essen fangen nicht alle gleichzeitig an. Wer Hunger hat, kann auch als erster beginnen.*

*Das Ende des Besuches muss man selbst bestimmen. Solange man nicht ausdrücklich sagt, dass man wirklich satt ist und schlafen möchte, wird einen keiner gehen lassen.*

# Toilette & Co.

*Die Toilette:*
**kloset**
**tóalet**
**WC** *oder* **wéze**

**toáletna chártija**
*Toilettenpapier*

**kupátilo**
*Badezimmer*
**ße míe (vo.)**
*sich waschen*
**wóda**
*Wasser/Mz.*

**chigíena**
*Hygiene*
**páßta sa sábi**
*Zahnpasta*
**tschétka sa sábi**
*Zahnbürste*
**préwr'ßka**
*Binde*

*Kondome:*
**kúrton, –i** *oder*
**preserwatíw, –i**

Für Toilette existieren die bekannten Wörter **toalét** und auf dem Lande **klóset** oder auch **núshnik**, daneben aber auch die internationale Abkürzung WC. Auf den Toilettentüren befinden sich die üblichen Figuren oder Symbole bzw. die Buchstaben:

| | | | |
|---|---|---|---|
| М | МАЖИ | **máshi** | Männer |
| | **máshki** Herrentoilette | | |
| Ж | ЖЕНИ | **shéni** | Frauen |
| | **shénßki** Damentoilette | | |

*Mit diskretem Tonfall:*
**móram na édno méßto.**
*muss(ich) auf einen Ort*
Ich muss mal.

*Eine Stimme hinter der Klotür:*
**safáteno!** oder **saúseto!**
Besetzt!

Neben unseren Sitzklos sind Hockklos weit verbreitet. Öffentliche Toiletten sind leider selten sauber und die Türen fast nie zu verschließen. Toilettenpapier (**toáletna chártija**) fehlt meist, aber Wasser zum Händewaschen gibt es fast immer.

# Übernachten

Die örtliche Touristenagentur (**turíßtitschka agénzija**) vermittelt Übernachtungen in Hotels und Privatzimmern. Man zahlt jedoch höhere Preise an die Agentur, die erst nach Abzug einer Provision den Rest an die Privatperson abgeben. Sich persönlich um ein Zimmer zu bemühen, bringt dem Vermieter und dem eigenen Portemonnaie einen größeren Nutzen. Fragen Sie einfach einen Passanten:

*In Makedonien ist der Tourismus allgemein unterentwickelt. Touristische Ziele sind vor allem der Ohrid-See und die mittelalterlichen orthodoxen Klöster in seiner Umgebung. Man bemüht sich zunehmend um die weitere Erschließung der landschaftlichen Schönheiten.*

Знаете ли кој издава овде соби под наем?
**snáete ll koj isdawa ówde ßóbi pod náem?**
*wisst(Ihr) ? wer gibt(er) hier Zimmer unter Miete*
Wissen Sie, wer hier Zimmer vermietet?

**káde ße náogja turißtítschkata agénzija?**
*wo sich befindet touristische-die Agentur*
Wo befindet sich die touristische Agentur?

**káde íma túka pánßion?**
*wo hat hier Pension*
Wo gibt es hier eine Pension?

*Auch in einem Kloster kann man sein Glück versuchen - und sogar noch etwas preiswerter und romantisch obendrein - wenn man nicht hohe Anforderungen stellt.*

**dáli ímate ßlóbodna ßóba?**
*? habt(Ihr) freies Zimmer*
Haben Sie ein freies Zimmer?

**kólku kóschta édno nokjéwanje?**
Wieviel kostet eine Übernachtung?

**jaß báram (níe bárame) édna ßóba ...**
Ich suche (wir suchen) ein Zimmer ...

| | |
|---|---|
| **sa édna nokj** | für eine Nacht |
| **sa dwe, tri nókji** | für zwei, drei Nächte |
| **sa édna, dwe nédeli** | für eine, zwei Woche(n) |
| **ßo édin kréwet** | mit einem Bett |
| **ßo dwa, tri kréweta** | mit zwei, drei Betten |
| **ne dáleku od zéntarot** | nicht weit vom Zentrum |

*In einem Privatquartier oder in einer Pension kann man den Vermieter mit dem vertraulichen* **gásda** *oder* **domákjine** *(Herr Wirt) bzw.* **gasdárize** *oder* **domákjinke** *(Frau Wirtin) ansprechen.*

| | |
|---|---|
| **poßtélina** | Bettwäsche |
| **tschárschaf** | Bettlaken |
| **pérniza** od. **jaßtúk** | Kopfkissen |
| **dúschek** | Matraze |
| **kjébe** od. **jórgan** | Decke |
| **péschkir/péschkiri** | Handtuch/-tücher |
| **schkaf** od. **órman** | Schrank |
| **fríshider** | Kühlschrank |
| **máschina sa pérenje** | Waschmaschine |
| **eléktritschen schpóred** | E-Herd |
| **réscho** | Kochplate |
| **príbor sa jádenje** | Besteck |
| **téndshere** | Kochtopf |
| **tschásha** | Tasse, Glas |
| **tschínija/tájnir** | Teller |
| **ßtol/ßtólowi** | Stuhl/Stühle |
| **máßa/máßi** | Tisch(e) |
| **lámpa** | Lampe |
| **prósorez** od. **prósor** | Fenster |
| **wráta** | Tür |
| **klutsch** | Schlüssel |
| **tusch** | Dusche |

**néma tópla (ßtúdena) wóda.**
*nichthat warmes (kaltes) Wasser*
Es gibt kein warmes (kaltes) Wasser.

**bójlerot ne ráboti.**
*Boiler-der nicht arbeitet*
Der Boiler funktioniert nicht.

**ßlawínata e raßípana.**
*Wasserhahn-der ist kaputt*
Der Wasserhahn ist kaputt.

**rasbudéte me, We mólam wo ßédum tscháßot.**
*weckt(Ihr) mich, Euch bitte(ich) um sieben Uhr*
Wecken Sie mich bitte um sieben Uhr.

**móshete li da mi ßprémite dórutschek sa útre?**
*könnt(Ihr) ? Bw mir vorbereitet Frühstück für morgen*
Können Sie mir bitte für morgen ein Frühstück vorbereiten?

**schto ßákate sa dórutschek?**
*was wollt(Ihr) für Frühstück*
Was möchten Sie zum Frühstück?
*(s. Kapitel „Essen und Trinken")*

**mósham li da gi íßperam móite álischta?**
*kann(ich) ? Bw sie wasche(ich) meine-die Wäsche*
Kann ich meine Wäsche waschen?

**ße náßpawte li dóbro?**
*sich ausschlieft(Ihr) ? gut*
Haben Sie gut geschlafen?

# in der Stadt

градски план
**grádßki plan**
*Stadtplan*

Vorherrschend ist die Großfamilie auf dem Lande aus Tradition und in der Stadt notwendigerweise aufgrund sehr beengter Wohnverhältnisse. Sei es eine Wohnung oder ein Haus, die meisten Makedonier können das Dach übor Ihrem Kopf Ihr eigen nennen.

| | |
|---|---|
| **grad** | Stadt |
| **gláwen grad** | Hauptstadt |
| **del od grádot** | Stadtteil |
| **réon** | Stadtbezirk |
| **tschetw'rt** | (Stadt)viertel |
| **grágjanin** | der Städter |
| **grágjani** | die Städter |
| **shítel/shíteli** | Einwohner/Mz. |
| **grádßko ßobránie** | Rathaus |
| **zéntar** | Zentrum |
| **úliza** | Straße |
| **gláwna úliza** | Hauptstraße |
| **ßporédna úliza** | Nebenstraße |
| **bulewár** | Boulevard |
| **ploschtád** | Platz |
| **ßémafor** | Ampel |
| **parkirálischte/párking** | Parkplatz |
| **raßkr'ßniza** | Kreuzung |

Колку жители има Скопје?
**kólku shíteli íma Skopje?**
*wieviel Einwohner hat(es) Skopje*
Wieviel Einwohner hat Skopje?

**(dolg, schírok) moßt**
(lange, breite) Brücke

**(úbawa, nówa, ßtára) kúkja**
(schönes, neues, altes) Haus

**(úbaw, móderen, námeßten) ßtan**
(schöne, moderne, möblierte) Wohnung

| | |
|---|---|
| **kúkjen broj** | Hausnummer |
| **ßóba/ßóbi** | Zimmer/Mz. |
| **príemna ßóba** | Wohnzimmer |
| **ßpálna ßóba** | Schlafzimmer |
| **détßka ßóba** | Kinderzimmer |
| **kújna** | Küche |
| **kupátilo** | Bad |
| **ßkála/ßkáli** | Treppe(n) |
| **wráta** | Tür |
| **dswóno** | Klingel |
| **klutsch/klútschewi** | Schlüssel/Mz. |
| **garásha** | Garage |
| **kloset, tóalet** od. **WC** | Toilette |

Стан со две (три) соби, кујна и купатило.
**ßtan ßo dwe (tri) ßóbi, kújna i kupátilo**
*Wohnung mit zwei (drei) Zimmern, Küche und Bad*
Eine Zwei- (Drei-)Zimmerwohnung mit Küche und Bad.

**náschata kúkja e wíßoka tri káta.**
*unser-das Haus ist hoch drei Stockwerke*
Unser Haus hat drei Etagen.

**jaß shíweam na wtóriot kat.**
*ich wohne auf zwei-der Stockwerk*
Ich wohne in der zweiten Etage.

**wrátata e satwórena/otwórena.**
*Tür-die ist verschlossen/offen*
Die Tür ist zu/auf.

**ti mórasch da tschúknesch, náscheto dswóno ne ráboti.**
*du musst Bw klopfst(du), unsere-die Klingel nicht arbeitet*
Du musst klopfen, unsere Klingel funktioniert nicht.

**ne mósham da gi nájdam klutschéwite od kúkjata (kólata, garáshata).**
*nicht kann(ich) Bw sie finde(ich) Schlüssel-die von Haus-das (Auto-das, Garage-die)*
Ich kann nicht die Schlüssel vom Haus (dem Auto, der Garage) finden.

# im Dorf

In den Dörfern trifft man meistens ältere Menschen und kleine Kinder, die bei Ihren Großeltern aufwachsen sollen. Die jungen Leute wollen nicht die schwere landwirtschaftliche Arbeit Ihrer Eltern verrichten und fühlen sich von den besseren Möglichkeiten in der Stadt angezogen.

**lósje**
*Weinberg, Weingarten*

**(gólema, úbawa) grádina**
(großer, schöner) Garten

**wnímawaj! kútscheto káßa!**
*Vorsicht! Hund-der beißt*
Vorsicht! Bissiger Hund!

| | |
|---|---|
| **dómaschni shíwotni** | Haustiere |
| **kútsche** | Hund |
| **konj/kónji** | Pferd(e) |
| **mágare/magárinja** | Esel/Mz. |
| **kósa/kósi** | Ziege(n) |
| **ówza/ówzi** | Schaf(e) |
| **kókoschka/kókoschki** | Huhn/Hühner |
| **pétel/pétll** | Hahn/Hähne |
| **mátschka/mátschki** | Katze(n) |
| **glúschez/glúwzi** | Maus/Mäuse |
| **práße/práßenja** | Ferkel/Mz. |
| **ßwínja/ßwíni** | Schwein(e) |
| **wol/wólowi** | Ochse(n) |
| **kráwa/kráwi** | Kuh/Kühe |

# Essen und Trinken

## Das Frühstück

*Die Makedonier legen keinen großen Wert darauf und frühstücken fast nichts. Wenn man privat übernachtet, sollte man genau sagen, dass man und was man gerne frühstücken möchte.*

**dórutschek** oder **pójadok** spielt eine untergeordnete Rolle.

**jaß ßákam da dorútschkuwam ...**
ich möchte frühstücken ...

| | | |
|---|---|---|
| **káfe** | кафе | Kaffee |
| **mléko** | млеко | Milch |
| **bel leb** | бел леб | Weißbrot |
| **z'rn leb** | црн леб | Schwarzbrot |
| **púter** | путер | Butter |
| **margarín** | маргарин | Margarine |
| **ßírenje** | сирење | (Schafs-)Käse |
| **kolbáßiza** | колбаса | Wurst |
| **wáreno jájze** | варено jajце | gekochtes Ei |
| **med** | мед | Honig |
| **marmalád** | мармалад | Marmelade |
| **kólatsch** | колач | Kuchen |

Спрема јте/спремај ми молам нешто за доручек по ваш/твој вкус!
**ßprémajte/ßprémaj mi mólam néschto sa dórutschek po**
*vorbereitet(Ihr)/vorbereite(du) mir bitte etwas für Frühstück auf*
**Wasch/twoj wkuß!**
*Euer/dein Geschmack*
Bereiten Sie/bereite mir bitte etwas zum Frühstück nach Ihrem/deinem Geschmack!

## Das Mittagessen

Das Mittagessen (**rútschek**) ist reichlich. Drei Gänge gehören dazu: Suppe (**tschórba** oder **ßúpa**), Hauptgericht (**mándsha**) mit Salat (**ßálata**) und Nachtisch (**deßért**).

**déneßka mnógu ßum rútschal.**
*heute viel bin(ich) gegessen zum Mittag*
Heute habe ich viel zu Mittag gegessen.

*Eine gute Gelegenheit das Verb* **rútscha** *(zu Mittag essen) zu beugen (-***a***-Beugung!).*

**jaß rútscham**
**níe rútschame**
**ti rútschasch**
**wíe rútschate**
**toj rútscha**
**tíe rútschaat**

## Das Abendessen

Das Abendessen (**wétschera**) wird wieder warm serviert. Zu allen Mahlzeiten isst man Weißbrot. Der Deutschen Grundnahrungsmittel - die Kartoffel - gibt es zwar, sie wird aber nur als Gemüse, etwa wie Möhren etc. verwendet. Das Verb **wétschera** (zu Abend essen) beugt man wie das Verb **rútscha**. Beide Verben gehören zur **-a-**Beugung.

## ... in der Gaststätte

**ßladkárniza** *Konditorei für* **báklawa** *und* **túlumba**, *türkisches Gebäck aus Teig und Zuckersirup, für Säfte und* **bósa**, *- ein nur bei Einheimischen beliebtes Getränk (es gibt kaum einen Ausländer, dem es ebenso mundet)*

Wer eine richtige Kneipe (**kr'tschma/píwniza**) kennenlernen will, in der sich das einfache Volk trifft, darf die Gelegenheit dazu in einem Dorf nicht verpassen. Wer hier Gast ist, will kräftig einen hinter die Binde gießen.

| | |
|---|---|
| **reßtorán** | Restaurant |
| **goßtílniza** | Gaststätte |
| **kafána** od. **méana** | traditionelles Café: groß, verraucht, aber immer mit Freisitzen |
| **káfitsch** | Kneipe für junge Leute |
| **nókjen bar** | Nachtbar, meistens in den größeren Hotels |

**kebaptschílniza** — **alles vom Grill:**

| | |
|---|---|
| **kebáptschinja** | Hackfleischröllchen/ Kebap |
| **pleßkáwizi** | Hackfleischklößchen Frikadellen |
| **bóßanski** od. **dómaschen ßúdshuk** | hausgemachte Hartwurst; sehr lecker |
| **méschana ßkára** | verschiedene Sorten gegrilltes Fleisch |

## burektschílniza

Hier wird Blätterteiggebäck (búrek) mit verschiedenen Füllungen angeboten, die man möglichst alle probieren sollte:

| | |
|---|---|
| **búrek ßo ßírene** | mit Schafskäse |
| **búrek ßo kómpir** | mit Kartoffel |
| **búrek ßo ßpának** | mit Spinat |
| **búrek ßo méßo** | mit Fleisch |
| **géwrek** | Art Brezel mit Sesam |

Јас би сакал да резервирам една
аса за вечерва (утре вечер)
за ... особи.
**jaß bi ßákal da reserwíram édna**
**máßa sa wétscherwa**
**(útre wétscher) sa ... óßobi.**
*ich hätte gewollt Bw reserviere(ich)*
*einen Tisch für Abend-diesen*
*(morgen Abend) für ... Personen*

Ich möchte gern einen Tisch für heute Abend (morgen Abend) für ... Personen reservieren.

**konóbare!** od.
**kélnere!**
Hallo Kellner!

**konóbarke!** od.
**kélnerke!**
Hallo Kellnerin!

**ßlóbodni li ße ówie méßta?**
*frei ? sind diese Plätze*
Sind diese Plätze frei?

**kélnere, da narátschame, mólam!**
*Kellner Bw bestellen(wir) bitte(ich)*
Herr Ober, wir möchten bestellen!

**dájte mi menjúto, mólam!**
*gebt(Ihr) mir Speisekarte-die bitte(ich)*
Geben Sie mir bitte die Speisekarte!

| | | |
|---|---|---|
| **nosh/nóshewi** | нож | Messer/Mz. |
| **wíluschka/wíluschki** | вилушка | Gabel(n) |
| **láshiza/láshizi** | лажица | Löffel/Mz. |
| **láshitschka** | лажичка | Teelöffel |
| **plítka tschínija** | плитка чинија | flacher Teller |
| **dláboka tschínija** | длабока чинија | tiefer Teller |
| **tscháscha** | чаша | Glas, Tasse |
| **pepéljara** | пепелјара | Aschenbecher |

Кои са вашите домашни специалитети?
**kói ße Wáschite dómaschni ßpezialitéti?**
*welche sind Euere-die häuslichen Spezialitäten*
Welches sind die Spezialitäten Ihres Hauses?

Препорачајте ми/ни нешто вкусно за јадење!
**preporátschajte mi/ni néschto wkúßno sa jádenje!**
*empfehlt(Ihr) mir/uns etwas Schmackhaftes für Essen*
Empfehlen Sie mir/uns bitte etwas Schmackhaftes zum Essen!

Кое вино можете да ми/ни препорачате?
**kóe wíno móshete da mi/ni preporátschate?**
*welchen Wein könnt(Ihr) Bw mir/uns empfehlt(Ihr)*
Welchen Wein können Sie mir/uns empfehlen?

**léßno, téschko, ßúwo wíno**
leichter, schwerer, trockener Wein

**édna flåscha** od. **édno schísche wíno**
eine Flasche Wein

| | |
|---|---|
| **z´rno wíno** | Rotwein |
| **bélo wíno** | Weißwein |
| **édna tschåscha wíno** | ein Glas Wein |
| **édna schóla káfe** | eine Tasse Kaffee |
| **édna schóla(tschaj)** | eine Tasse (Tee) |
| **ßo (bes) schekjér** | mit (ohne) Zucker |
| **édno píwo** | ein Bier |

*Ein* ***Bierliebhaber*** *sollte unbedingt die beiden bekanntesten makedonischen Sorten* **ßkópßko píwo** *(Skopje-Bier) und* **bítolßko píwo** *(Bitola-Bier) kennen lernen.*

**konóbare, da plátime mólam!**
*Kellner, Bw bezahlen(wir) bitte(ich)*
Herr Ober, wir möchten gern zahlen!

**ßmétkata isneßúwa 1500 denari.**
*Rechnung-die beträgt 1500 denari*
Die Rechnung beträgt 1500 Denari.

*Für* ***Trinkgeld*** *existiert das bekannte Wort* **bákschisch**. *Es sollte nicht unter 10 % des Rechnungsbetrages liegen, aber nicht mehr als 15 % betragen.*

## Nationalgerichte

In der makedonischen Küche, die Einflüsse der orientalischen und der europäischen Küche vereint, sind die Gerichte oft fettreich. Es ist besser, dem Magen etwas Zeit zu lassen, sich auf die neue Kost einzustellen. Wenn das Essen nicht so heiß serviert wird, wie man es von zu Hause gewohnt ist, besteht kein Grund, sich zu ärgern oder sofort zu beschweren. Die Makedonier essen nicht so heiß. Im folgenden möchte ich auf einige makedonische Gerichte hinweisen, die zugleich meine Leibgerichte sind.

### Speisen ohne Fleisch:

таратор **tarátor**, Gurkenkaltschale aus klein geschnittenen frischen Gurken, Buttermilch, Knoblauch, Walnüssen und Dill

| | | |
|---|---|---|
| печено сирене | **pétscheno ßírenje** | gebackener Schafskäse |
| паниран кашкавал | **paníran káschkawal** | panierter Hartkäse |
| јајце на око | **jájze na óko** | Spiegelei |
| пржени пиперки | **p'rsheni píperki** | gebratene Paprikaschoten |
| тавче гравче | **táwtsche gráwtsche** | Bohnengericht (kann auch mit Fleisch zubereitet werden) |
| јувки | **júwki** | hausgemachte Nudeln mit geriebenem Schafskäse |

| | | |
|---|---|---|
| **kíßelo mléko** | Joghurt | кисело млеко |
| **schópßka ßaláta** | Salat aus Tomaten, Gurken, Paprika, Zwiebeln und geriebenem Schafskäse | шопска салата |
| **méschana ßaláta** | gemischter Salat | мешана салата |
| **... ßo dómati, ßírenje** | ... mit Tomaten, Käse | со домати, сирене |
| **... i jájza** | ... und Eiern | и јајца |

## Fleischgerichte

| | | |
|---|---|---|
| **púneti píperki ßo méleno méßo i óris** | gefüllte Paprika mit Gehacktem u. Reis | пунети пиперки со мелено месо и ориз |
| **ßármi od sélka** | Sauerkohlrouladen mit Hackfleisch u. Reis | сарми од зелка |
| **ßármi od lósow lißt** | Weinblätterrouladen mit Hackfleisch u. Reis | сарми од лозов лист |
| **múßaka** | Hackfleisch und Kartoffeln, überbacken mit Milch und Eiern | мусака |

## Hochprozentiges

**édna lúta i édna kíßela.**
*eine scharfe und eine sauere*
Ein Glas Schnaps und ein Glas Mineralwasser.

| | | |
|---|---|---|
| **ßlíwowiza** | Pflaumenschnaps | сливовица |
| **grósdowa rákija** | Weintraubenschnaps | гроздова ракија |
| **máßtika** | Anisschnaps | мастика |

# Einkaufen

## Ladenbezeichnungen

| | | |
|---|---|---|
| тарговски центар | **t'rgowßki zéntar** | Handelszentrum - das sind die größten Einkaufscenter |
| продавница | **prodáwniza, dúkjan** | Geschäft, Laden |
| самопослуга | **ßamopóßluga** | Selbstbedienungsladen |
| супермаркт | **ßupérmarket** | Supermarkt |
| фурна | **fúrna** | Bäckerei |
| месарница | **meßárniza** | Fleischerei |
| книжарница | **knishárniza** | Buchhandlung |
| работно време | **rábotno wréme** | Öffnungszeit |
| отворено | **otwóreno** | geöffnet |
| затворено | **satwóreno** | geschlossen |
| влез | **wles** | Eingang |
| излез | **ísles** | Ausgang |

Saskia Drude

Markt in Skopje

## Mengenangaben

| | |
|---|---|
| **gram** | Gramm |
| **kílo(-gram)** | Kilo |
| **(pol) lítar** | ein (halber) Liter |
| **tschétw'rt** | 1/4 |
| **pártsche** | Stück |
| **póla/polówina** | Hälfte |
| **póla/polówina kílo** | ein halbes Kilo |
| **kónserwa** | Dose |
| **kútija** | Schachtel |
| **páket zígari** | Schachtel Zigaretten |
| **schísche/fláscha** | Flasche |
| **ßíte** | alle |
| **ße/ßwe** | alles |
| **(ne) mnógu** | (nicht) viel |
| **nékolku** | einige |
| **málku** | wenig |
| **dóßta!** | genug! |
| **kólku?** | wieviel? |
| **úschte néschto?** | noch was? |
| **dówolno!** | das reicht! |

*Die **Öffnungszeiten** sind von Geschäft zu Geschäft verschieden. An vielen steht:* **otwóreno** *bis 20 Uhr geöffnet (oder noch länger).*

**drágstor** *(Drugstore) heißen die Läden in Großstädten, die bis tief in die Nacht geöffnet haben.*

**kólku kóschta ówa?**
Wieviel kostet das?

**kólku tschíni ówa?**
Wieviel kostet das?

**ne mi ße ßwígja.**
*nicht mir sich gefällt*
Es gefällt mir nicht.

## Einkaufsliste

Каде можам да купам ... ?
**káde mósham da kúpam ... ?**
*wo kann(ich) Bw kaufe(ich)*
Wo kann ich ... kaufen?

Ми треба ...
**mi tréba ...**
*mir braucht*
Ich brauche ...

| | | |
|---|---|---|
| бел леб | **bel leb** | Weißbrot |
| црн леб | **z'rn leb** | Schwarzbrot |
| масло за јадене, | **máßlo sa jádenje** | Speiseöl |
| зејтин | od. **séjtin** | Speiseöl |
| маслиново масло | **maßlínowo máßlo** | Olivenöl |
| сончогледово масло | **ßontschoglédowo máßlo** | Sonnenblumenöl |
| путер | **púter** | Butter |
| млеко | **mléko** | Milch |
| овчо млеко | **ówtscho mléko** | Schafmilch |
| кравјо млеко | **kráwjo mléko** | Kuhmilch |
| кисело млеко | **kíßelo mléko** | Joghurt |
| овчо сирење | **ówtscho ßírenje** | Schafskäse |
| кравјо сирење | **kráwjo ßírenje** | (Kuh-)Käse |
| кашкавал | **káschkawal** | Schnittkäse |
| јајце (јајца) | **jájze/jájza** | Ei(er) |
| сол | **ßól** | Salz |
| оцет | **ózet** | Essig |
| шеќер | **schekjér** | Zucker |

| | | |
|---|---|---|
| **ßwínßko méßo** | Schweinefleisch | свинско месо |
| **gówedßko méßo** | Rindfleisch | говедско месо |
| **téleschko méßo** | Kalbfleisch | телешко месо |
| **ówtscho méßo** | Schafsfleisch | овчо месо |
| **jágneschko méßo** | Lammfleisch | јагнешко месо |
| **píleschko méßo** | Geflügel | пилешко месо |
| **ßaláma** od. **kólbaß** | Wurst | салама, колбас |
| **ßúdshuk** | (leckere!) Hartwurst | суџук |
| **ríba** | Fisch | риба |
| **óris** | Reis | ориз |
| **bráschno** | Mehl | брашно |
| **med** | Honig | мед |
| **marmalád** | Marmelade | мармалад |

| **sélentschuk** | **Gemüse** | зеленчук |
|---|---|---|
| **kómpir/kómpiri** | Kartoffel(n) | компири |
| **mórkow/mórkowi** | Möhre(n) | моркови |
| **luk** | Zwiebel(n) | лук |
| **píperki** | Paprika | пиперки |
| **dómati** od. **patlídshani** | Tomaten | домати |
| **z´rn pátlidshan(i)** | Aubergine(n) | црн патлиџан |
| **kraßtáwiza/-zi** | Gurke(n) | краставици |
| **gráschak** | Erbsen | грашак |
| **boránija** | grüne Bohnen | боранија |
| **graw** | weiße Bohnen | грав |
| **sélka** | Weißkohl | зелка |

| овоще | **ówoschje** | **Obst** |
|---|---|---|
| јаболка | jábolka/jábolki | Apfel/Äpfel |
| цреши | zréschi | Sauerkirschen |
| трешни | tréschni | Süßkirschen |
| јагоди | jágodi | Erdbeeren |
| банани | banáni | Bananen |
| сливи | ßlíwi | Pflaumen |
| кајсии | kájßija/kájßii | Aprikose(n) |
| грозје | grósje | Weintrauben |
| праски | práßka/práßki | Pfirsiche |
| бостан, лубеница | bóßtan, lubéniza | Wassermelone |
| диња | dínja | Zuckermelone |

| пијалок/пијалоци | **píjalok/pijálozi** | **Getränk(e)** |
|---|---|---|
| пиво | píwo | Bier |
| вино | wíno | Wein |
| минерална вода | minerálna wóda | Mineralwasser |
| кисела вода | kíßela wóda | Mineralwasser |
| сок/јаболка | ßok/jábolka | Apfelsaft |
| сок/портокали | ßok/portókali | Orangensaft |

| козметика | **kosmétika** | **Kosmetik** |
|---|---|---|
| сапун | ßápun | Seife |
| шампон за коса | schámpon sa kóßa | Haarshampoo |
| за тело | sa télo | Duschbad |
| паста за заби | páßta sa sábi | Zahnpasta |
| четка за заби | tschétka sa sábi | Zahnbürste |
| женски уложки | shénßki úloshki | Damenbinden |
| прашак за перење | práschak sa pérenje | Waschpulver |

## In der Buchhandlung

во книжарница
**knisharníza**
Buchhandlung

Имате ли германско - македонски речник?
**ímate li gérmanßko-makédonßki rétschnik?**
*habt(Ihr) ? deutsches-makedonisches Wörterbuch*
Haben Sie ein deutsch-makedonisches Wörterbuch?

Какви книги, СД-Ром и касети имате
**kákwi knígi, CD-Rom i káßeti ímate**
*welche Bücher, CD-Rom und Kassetten habt(Ihr)*
на германски јазик за изучување на македонскиот јазик?
**na gérmanßki jásik sa isutschúwanje na makedónßkiot jásik?**
*auf deutsche Sprache für Erlernen auf makedonische-die Sprache*
Welche Bücher, CD-Rom und Kassetten in Deutsch haben Sie für das Erlernen der makedonischen Sprache?

## Bauernmarkt **pásar** пазар

*Die zwei Verben* **jaß kúpuwam** *(ich kaufe) und* **jaß pasáruwam** *(ich kaufe) sind eigentlich identisch, in dem letzten steckt aber der Sinn von* ***Feilschen*** *- also basartypisch: zuerst feilschen und dann kaufen!*

In jeder Stadt Makedoniens gibt es mehrere Bauernmärkte, wo man frisches Obst und Gemüse, Schafs- und Ziegenkäse (**kósjo ßírenje**) und vieles andere direkt von den Bauern kaufen kann. Hier heißt die oberste Devise, sich Zeit nehmen zum Feilschen (**pasárenje**). Auf dem **ßtótschen pásar** werden Haustiere, vom Pferd bis zum Küken verkauft. Einen großen **bit pásar** (Flohmarkt) gibt es in der Altstadt von Skopje.

**mósham li da próbam?**
*kann(ich) ? Bw probiere(ich)*
Kann ich probieren (Kostprobe)?

**mmmh, wkúßno e.**
*lecker ist*
Es ist lecker.

**mnógu mi e ßkápo.**
*viel mir ist teuer*
Es ist mir zu teuer.

**móshe li poéwtino?**
*kann ? billiger*
Geht es billiger?

Ако ми го дадете за толку пари би го купувал.
**áko mi go dádete sa tólku pári bi go kúpuwal/kupúwala.**
*wenn mir ihn gebt(Ihr) für soviel Geld würde ihn gekauft (m/w)*
Wenn Sie mir das für soviel Geld verkaufen, dann würde ich es nehmen.

*Und dabei hält man bereits das Geld, das man bereit ist auszugeben, in der Hand.*

**léßna ráka ímam, ßwe kje prodádete.**
*leichte Hand habe(ich), alles Z verkauft(Ihr)*
Ich habe eine glückliche Hand,
Sie werden alles verkaufen.
*(Nach meinem Kauf bei Ihnen werden noch viele Kunden kommen.)*

*Die endgültige Entscheidung der Verkäuferin kann vielleicht auf diese Weise beschleunigen.*

**ájde, od méne da míne i pak da dójdesch!**
*los, von mir Bw geht(es)und wieder Bw kommst(du)*
Na gut, von mir aus und komm wieder!

Saskia Drude

Zur Pizzeria (Ohrid)

# Ausgehen

## Stadtbummel

**kákwi sabeleshitélnoßti íma túka?**
*welche Sehenswürdigkeiten hat hier*
Welche Sehenswürdigkeiten gibt es hier?

**ßákam da póßetam ...**
*(ich)will Bw besuche(ich)*
Ich möchte ein/e ... besuchen

| | | |
|---|---|---|
| **muséj** | музеј | Museum |
| **ßpómenik** | споменик | Denkmal |
| **krépoßt** | крепост | Festung |
| **z'rkwa** | црква | Kirche |
| **dshámija** | џамија | Moschee |
| **mánaßtir** | манастир | Kloster |
| **ísloshba** | изложба | Ausstellung |

## Nächtliches

**kákwa e programáta na ...?**
*welche ist Programm-das für*
Was für ein Programm gibt es im ...?

| | | |
|---|---|---|
| **teátarot** | театар | im Theater |
| **óperata** | опера | im Opernhaus |
| **kínoto** | кино | im Kino |
| **bar** | бар | Bar |
| **nókjen bar** | ноќен бар | Nachtbar |
| **dißkotéka** | дискотека | Diskothek |

**kóga pótschnuwa pretßtáwata?**
*wann beginnt Vorstellung-die*
Wann beginnt die Vorstellung?

Leider sind gute Vorstellungen aller Art schon Tage zuvor ausverkauft. Meist hat man jedoch Erfolg, wenn man mindestens eine Stunde vor Veranstaltungsbeginn kommt und jeden Passanten nach einer Karte fragt:

**édna kárta, mólam!?**
*eine Karte, bitte*
Haben Sie eine Karte übrig?

Wer Hemmungen hat zu fragen, dem hilft auch ein größerer Zettel, auf dem steht:

| барам 1 карта | Ich suche eine Karte. |
|---|---|

fotokate@fotolia.com

Antikes Theater in Ohrid

# Unterwegs

**wichtige Verbote und Warnhinweise**

Стој!
**ßtoj!**
Halt!

Внимание опасност!
**wnimánie opáßnoßt!**
Achtung, Gefahr!

Забранет влез!
**sábranet wles!**
Eintritt verboten!

Забранет пристап!
**sábranet príßtap!**
Betreten verboten!

Забрането пушење!
**sabráneto púschenje!**
Rauchen verboten!

Забрането паркирање!
**sabráneto parkíranje!**
Parken verboten!

Забрането застанување!
**sabráneto saßtanúwanje**
Halteverbot!

## ... mit dem Auto

Weil Makedonien ein kleines Land ist, kann man - trotz nicht so guter Straßen - mit dem Auto in wenigen Tagen eine Menge sehen. Verkehrszeichen und -regeln entsprechen im allgemeinen der internationalen Norm. Die Autos der Polizei (полиција) sehen blau-weiß aus. Zum Stoppen der Fahrzeuge verwenden sie eine Kelle. Lassen Sie sich nicht mit Alkohol am Steuer erwischen, auch wenn die Promillegrenze bei 0,5 ‰ liegt.

*Für die Autobahn* (**áwtopat** - автопат) *werden Gebühren* (**patárina** -патарина) *verlangt.*

*In jedem Fall sollte man die grüne Versicherungskarte haben, denn das ist ein Muss in Makedonien.*

**ßoobrákjajna polízija** Verkehrspolizei

**ówoj pat íma mnógu óßtri, ópaßni kríwini.**
*dieser Weg hat viel scharfe gefährliche Kurven*
Dieser Weg hat viele scharfe, gefährliche Kurven.

**te mólam, wósi popóleka!**
*dich bitte(ich), fahre leichter*
Fahre bitte langsamer!

| | |
|---|---|
| **wnimátelno!** | **wnimáwaj!** |
| *vorsichtig* | *aufpasse(du)* |
| Vorsicht! | Pass auf! |

Es gibt mehrere Anbieter für Mietwagen, die auch in den größeren Hotels zu finden sind.

**réntakar** Autovermietung

**iswínete, káde mósham da ísnajmam édna kóla?**
*verzeiht(Ihr) wo kann(ich) Bw miete(ich) ein Auto*
Entschuldigung, wo kann ich ein Auto mieten?

**kój práwez wódi sa Skópje?**
*wer Richtung führt bis Skopje*
Welche Richtung führt nach Skopje?

nehru@fotolia.com

Boot auf dem Ohridsee

| | |
|---|---|
| **wo ówoj práwez** | in dieser Richtung |
| **wo ßprótiwen práwez** | in der entgegen-gesetzten Richtung |
| **do ßlédnata / ídnata raßkr'ßniza** | bis zur nächsten Kreuzung |
| **nádeßno** | nach rechts |
| **nálewo** | nach links |
| **blísu** | nah |
| **dáleku** | weit |
| **náprawo** | geradeaus |
| **násad** | zurück |
| **kriwína** | Kurve |
| **pat** | Weg, Straße, Fahrt |
| **áwtopat** | Autobahn |
| **raßrk'ßniza** | Kreuzung |
| **ßoobrákjajen snak** | Verkehrsschild |
| **gláwna úliza** | Hauptstraße |
| **ßémafor** | Ampel |
| **bénsinßka púmpa** | Tankstelle |
| **bénsin (dísel, ßúper)** | Benzin (Diesel, Super) |
| **besólowen bénsin** | bleifrei |
| **awtóßerwiß** | Autowerkstatt |
| **máßlo** | Öl, |
| **wóda** | Wasser |
| **wósduch** | Luft |
| **réserwen del** | Ersatzteile |
| **réserwni délowi** | Ersatzteile |
| **álat/álati** | Werkzeug(e) |
| **póprawka** | Reparatur |
| **parkirálischte/párking** | Parkplatz |
| **wósatschka dóswola** | Führerschein |

*An den meisten Tankstellen wird man bedient.*

**mólam, napólnete do góre!**
*bitte(ich), füllt(Ihr) bis oben*
Bitte volltanken!

**mólam, napólnete pet (déßet, petnájßet) lítra!**
*bitte(ich), füllt(Ihr) fünf (zehn, fünfzehn) Liter*
Tanken Sie bitte fünf (zehn, fünfzehn) Liter!

## Panne

**ßájla** *oder* **jáshe**
*(Abschlepp-) Seil, Tau*
**tschékitsch**
*Hammer*
**kléschti**
*Zange*

Wer mit dem Auto oder dem Motorrad unterwegs ist, sollte vorsorglich einige wichtige Ersatzteile dabeihaben. Und wenn das nicht möglich ist, sollte man sich wenigstens darauf gefasst machen, dass es mitunter schwierig sein kann, die entsprechenden Ersatzteile zu besorgen.

**We mólam, dáli móshete da mi pomógnete?**
*euch bitte(ich), ? könnt(Ihr) Bw mir helft(Ihr)*
Können Sie mir bitte helfen?

**gúmata mi ße púkna.**
*Reifen-der mir sich zerplatzt*
Ich habe eine Reifenpanne.

**móshete li da me wlétschete?**
*könnt(Ihr) ? Bw mich zieht(Ihr)*
Können Sie mich (das Auto) abschleppen?

## ... mit dem Taxi

**níe ßíte píewme mnógu.**
*wir alle tranken viel.*
**popámetno e da sémeme tákßi.**
*mehrklug ist Bw nehmen(wir) Taxi*
Wir haben alle viel getrunken.
Es ist klüger, ein Taxi zu nehmen.

*Klug ist es, wenn man sich im voraus über den Preis einigt, denn Ausländer sind auch in Makedonien für Taxifahrer Freiwild.*

**ßlóboden li ßte?**
*frei ? seid*
Sind Sie frei?

**jaß ßákam da go rásgledam grádot.**
*ich will Bw ihn ansehe(ich) Stadt-die*
Ich möchte die Stadt ansehen.

**kólku kóschta éden kilométar?**
*wieviel kostet ein Kilometer*
Wieviel kostet ein Kilometer?

**kólku tschíni préwosot od ... do ?**
*wieviel kostet Transport-der von ... bis*
Wieviel kostet die Fahrt von ... bis?

**jaß bi plákjal sa préwosot makßímalno ... denari**
*ich würde-bezahlt für Fahrt-die maximal ... Denari*
Ich bezahle für die Fahrt maximal ... Denari.

**sáprete túka We mólam!**
*haltet(Ihr) hier Euch bitte(ich)*
Halten Sie hier bitte!

**potschékajte málze, mólam!**
*wartet(Ihr) wenig, bitte(ich)*
Warten Sie bitte kurz!

**kólku dáleku e do ... ?**
*wieviel weit ist bis ...*
Wie weit ist es bis ... ?

**jaß ßákam ówde da ße ßímnam.**
*ich will(ich) hier Bw mich aussteige(ich)*
Ich will hier aussteigen.

## ... per Anhalter

Die guten alten Zeiten, als man per Anhalter problemlos sein Ziel erreichen konnte, sind auch in Makedonien längst vorbei. In bestimmten Situationen kann oder muss man es aber trotzdem versuchen.

**sa káde patúwate?**
*für wohin fahrt(Ihr)*
Wohin fahren Sie?

**jaß ßákam da ódam do Ohrid, Skopje, ...**
*ich will Bw gehe(ich) bis Ohrid, Skopje, ...*
Ich möchte nach Ohrid, Skopje, ...

## ... mit dem Zug

Каде се наоѓа железничката станица?
**káde ße náogja shelesnítschkata ßtániza?**
*wo sich befindet eiserne-die Station*
Wo ist der Bahnhof?

| | |
|---|---|
| **schálter** | Fahrkartenschalter |
| **shelésniza** | Eisenbahn |
| **wágon/kóla** | Wagen, Waggon |
| **kóla sa ßpíenje** | Schlafwagen |
| **kúpe** | Abteil |
| **méßto** | (Sitz-)platz |
| **konduktér** | Schaffner |
| **wos** | Zug |
| **tówaren wos** | Güterwagen |
| **pátnitschki wos** | Personenzug |
| **b'rsi wos** | Schnellzug |
| **ekßpréß wos** | Express |
| **pówratna kárta** | Rückfahrkarte |

Was man gleich auf Kyrillisch entziffern können sollte:

| | | |
|---|---|---|
| **puschátschi** | пушачи | Raucher |
| **nepuschátschi** | непушачи | Nichtraucher |
| **wósen plan** | возен план | Fahrplan |
| **prißtíganje** | пристигање | Ankunft |
| **doágjanje** | доаѓање | Ankuft |
| **poágjanje** | поаѓање | Abfahrt |
| **perón** | перон | Bahnsteig |
| **kóloßek** | колосек | Gleis |

*Eine Fahrkarte* (**bilét** *oder* **wósna kárta**) *kauft man nur für einen bestimmten Zug. Wenn man sich einmal entschieden hat und einen Fahrausweis besitzt, kann man nicht mehr einen x-beliebigen anderen Zug nehmen. Man muss sich an Datum und Uhrzeit seines ausgewählten Zuges halten.*

*Empfehlenswert ist es, gleich noch eine Platzkarte* (**bilét ßo reserwírano méßto**) *zu erwerben.*

**édna wósna kárta sa Skopje p'rwa (wtóra) kláßa.**
*eine fahrende Karte für Skopje erste (zweite) Klasse*
Eine Fahrkarte nach Skopje erster (zweiter) Klasse.

**kóga tr'gnuwa wósot sa ...?**
*wann abfährt Zug-der für ...*
Wann fährt der Zug nach ... (ab)?

**od koj kóloßek tr'gnuwa wósot sa ...?**
*von wel Gleis abfährt Zug der für ...*
Von welchem Gleis fährt der Zug nach ... (ab)?

**ódi li ówoj wos sa ... ili tréba da ße préf'rlam na drug wos?**
*geht ? dieser Zug für ... oder muss(ich) Bw sich umsteige(ich) auf anderen Zug*
Fährt dieser Zug bis ... oder muss ich umsteigen?

**dáli ímam pref'rlúwanje?**
*? habe(ich) Umsteigen*
Muss ich umsteigen?

**na kóe méßto ímam pref'rlúwanje?**
*auf welcher Ort habe(ich) Umsteigen*
Wo muss ich umsteigen?

**wósot íma ... mínuti (tscháßa) sadoznúwanje.**
*Zug-der hat ... Minuten (Stunden) Verspätung*
Der Zug hat ... Minuten (Stunden) Verspätung.

**ßlóbodno li e ówa méßto?**
*frei ? ist dieser Platz*
Ist dieser Platz frei?

**iswínete, ówa e móeto méßto.**
*entschuldigt, dieser ist mein-der Platz*
Entschuldigung, das ist mein Platz.

## ... mit dem Bus

| | |
|---|---|
| **awtóbußka ßtániza** | Busbahnhof |
| **ßtániza** | Haltestelle |

*Busse verkehren nicht nur in den Städten, mit ihnen erreicht man auch die entlegensten Ortschaften, und zwar preiswert, relativ schnell und sicher.*

**kój áwtobuß wósi do ... ?**
*wer Bus fährt bis ...*
Welcher Bus fährt bis ... ?

**na kója ßtániza móram da ßlésam...**
*auf welche Haltestelle muss(ich) Bw aussteige(ich)*
An welcher Haltestelle muss ich aussteigen ...

**(jaß ßákam da ódam do ...)?**
*(ich will Bw gehe(ich) bis ...)*
(um nach ... zu kommen)?

**na ówaa ßtániza**
an dieser Haltestelle

**na ßlédnata ßtániza**
an der nächsten Haltestelle

**na poßlédnata ßtániza**
an der letzten Haltestelle

**ot káde wósi áwtobuß do aérodrom?**
*von wo fährt Bus bis Flughafen*
Von wo fährt ein Bus zum Flughafen?

## ... mit dem Flugzeug

Es gibt nur zwei Flughäfen in Makedonien, einen in Skopje und einen in Ohrid.

| | |
|---|---|
| **aérodrom** | Flughafen |
| **áwion** | Flugzeug |
| **awiónßka kárta** | Flugticket |
| **aeródromßka tákßa** | Flughafengebühren |
| **pólet** | Flug |

## Behördengänge

Behördengänge gehören nicht gerade zu den angenehmsten Dingen. Es fängt schon mit der langen Reihe an Begriffen an, die es für Ämter gibt: **ußtánowa, úprawa, ßlúshba, sáwod, biró, kanzelárija, ßekretariját ...** Auch der Umgang mit einem **d'rshawen ßlúshbenik** (staatlicher Diener) kostet Zeit und Nerven. In allen Ämtern, aber oft sogar in Banken, Postämtern, Versicherungen, Ärzten, ja sogar in einfachen Geschäften können (Geld-)Geschenke zur Aufrechterhaltung der Beziehungen erforderlich sein. Dazu herrscht die einzigartige Balkanatmosphäre von Gelassenheit und Gleichgültigkeit gegenüber dem normalen **grágjanin** (Bürger). Während die Einheimischen bitter fluchen, ist das einzige, was dem Ausländer „helfen" kann:
1. **t'rpénje** (Geduld), 2. **útschtiwoßt** (Höflichkeit), 3. **naßtójtschiwoßt** (Beharrlichkeit) und 4. etwas **ßrékja** (Glück).
Zum Glück kommt der Reisende im Normalfall nicht häufig mit Behörden in Kontakt.

Жал ми е што морам да ве вознемирувам.
**shal mi e schto móram da We wosnemíruwam.**
*leid mir ist dass muss(ich) Bw euch störe(ich)*
Es tut mir Leid, dass ich Sie stören muss.

## Paß- und Zollkontrolle

пасош
**páßosch**
(Reise-)Pass

пасошна контрола
**páßoschna kontróla**
Passkontrolle

документи на колата
**dokuménti na kólata**
*Papiere für Auto-das*
Fahrzeugpapiere

Вашиот пасош, молам!
**wáschiot páßosch, mólam!**
*Euer Paß, bitte(ich)*
Ihr Pass, bitte!

Ве молам, покажете ги Вашите документи!
**we mólam, pokáshete gi Wáschite dokuménti!**
*Euch bitte(ich), zeigt(Ihr) sie Euere-die Papiere*
Zeigen Sie bitte Ihre Papiere!

За жал, воопшто не Ве разбирам.
**sa shal, woópschto ne We rásbiram.**
*für leider, überhaupt nicht euch verstehe(ich)*
Leider kann ich Sie überhaupt nicht verstehen.

**islésete od wosíloto!**
*rauskommt(Ihr) von Wagen-dem*
Steigen Sie aus!

Ве молам, повторете побавно, за да Ве разбирам!
**we mólam, powtórete póbawno, sa da We rásbiram!**
*euch bitte(ich), wiederholt(Ihr) langsamer, für Bw euch verstehe(ich)*
Wiederholen Sie bitte langsamer, damit ich Sie verstehen kann!

**dwéßta dénari zárina tréba da plátite**
*200 denari Zoll muss Bw zahlt(Ihr)*
200 Denari Zoll müssen Sie bezahlen.

**móshete li da mi powtórete?**
*könnt(Ihr) ? Bw mir wiederholt(Ihr)*
Können Sie bitte noch einmal wiederholen?

Извинете,
можете ли да ми помогнете при пополнувањето на формуларот?
**iswínete,**
**móshete li da mi pomógnete pri popolnuwánjeto na formulárot?**
*entschuldigt(Ihr)*
*könnt(Ihr) ? Bw mir helft(Ihr) bei Ausfüllen-dem auf Formular-das*
Entschuldigung,
können Sie mir bitte beim Ausfüllen des Formulars helfen?

Ден на пристигнување
**den na pristignúwanje**
*Tag für Einreise*
Einreisetag

Ден на заминување
**den na saminúwanje**
*Tag für Abreise*
Abreisetag

Презиме, име
**présime, íme**
Name, Vorname

Датум на раѓање
**Dátum na rágjanje**
Geburtsdatum

Место на раѓање
**méßto na rágjanje**
Geburtsort

Државјанство
**d'rshawjánßtwo**
Staatsangehörigkeit

Место на живеење
**méßto na shiwéenje**
Wohnort

| | |
|---|---|
| Што имате да пријавите? | Ништо. |
| **schto imáte da prijáwite?** | **nischto** |
| *was habt(Ihr) Bw angekündigt(Ihr)* | *nichts* |
| Was haben Sie zu verzollen? | Nichts. |

| | | |
|---|---|---|
| **zárina** | царина | Zoll |
| **-kóntrola** | - контрола | -kontrolle |
| **sabráneto** | заърането | verboten |
| **doswóleno** | дозволено | erlaubt |

Овие подароци, се за пријателите.
**ówie podározi ße sa prijátelite.**
*diese Geschenke sind für Freunde-die*
Das sind Geschenke für Freunde.

Ова е хуманитарна помош.
**ówa e chumanitárna pómosch.**
*das ist humanitäre Hilfe.*
Das ist humanitäre Hilfe.

Ве молам за еден рачун ...
**We mólam sa éden rátschun ...**
*Euch bitte(ich) für eine Quittung ...*
Geben Sie mir bitte eine Quittung ...

... за платената царинска такса!
**... sa platénata zárinßka tákßa!**
*... für bezahlt-die zöllnerische Gebühr*
... für die bezahlten Zollgebühren!

Сакам да разговарам со началникот.
**ßákam da rasgowáram ßo natschálnikot.**
*will(ich) Bw spreche(ich) mit Vorgesetzten-dem*
Ich möchte mit dem Vorgesetzten sprechen.

## bei der Polizei

Es ist eher die Ausnahme, dass man als Ausländer in Makedonien ein Opfer von Kriminalität wird. Die folgenden Angaben sollen für diesen Ausnahmefall als Hilfe für den Umgang mit den Ordnungshütern zur Verfügung stehen.

| | | |
|---|---|---|
| Polizei | **polízija** | полиција |
| Polizist | **polizáez** | |
| Miliz | **milízija** | милиција |
| Milizionär | **milizionér** | |

сообраќајен полицаец
**ßoobrákjajen polizaéz**
Verkehrspolizist

**Káde e polizíjata (milízíjata)?**
*wo ist Polizei-die*
Wo ist die Polizei?

**Méne mi ße ukrádeni ...**
*mir mir sind gestohlene ...*

**... párite** *Geld-die*
**... páßoschot** *Paß-den*
**... dokuméntite na kólata** *Papiere-die für Auto-das*
**... oblékata** *Kleider-die*
**... kólata** *Auto-das*

Es wurde(n) mir das Geld, der Pass, die Autopapiere, die Sachen, das Auto gestohlen.

*Bei Diebstahl empfiehlt sich in jedem Fall das Hinzuziehen eines Dolmetschers (**prewéduwatsch**) für das exakte Auflisten der gestohlenen Gegenstände, damit es später keinen Ärger mit der Versicherung gibt.*

| | |
|---|---|
| **krádez** | Dieb |
| **ßwédok, ótschewidez** | Augenzeuge |
| **dókas** | Beweis |

Каде се случи тоа? На која улица?
**káde ße ßlútschi tóa? na kója úliza?**
*wo sich passiert das? auf welche Straße*
Wo ist das passiert? Auf welcher Straße?

Јас имам изгубено ...
**jaß ímam isgúbeno ....**
Ich habe verloren ...

**méne me tépale.**
*mich mich geschlagen(sie)*
Ich wurde geschlagen.

Напишете ми, молам еден протокол за украдените предмети!
**napíschete mi, mólam éden protokól sa ukradénite prédmeti!**
*schreibt(Ihr) mir, bitte(ich) ein Protokoll für gestohlene-die Sachen*
Fertigen Sie mir bitte ein Protokoll über die gestohlenen Sachen an!

# Bank und Post

## auf der Bank

Банка
**bánka**
Bank

менувачница
**menuwátschniza**
Wechselstube

Денари
**dénari** (Mehrzahl)
Dinar

Пари
**pári** (nur Mehrzahl)
Geld

*Die Nationalbank von Makedonien ist die Zentral- und Notenbank mit Sitz in Skopje. Weitere Banken mit Sitz in der Hauptstadt sind die* **Komercijalna Banka** *und die* **Stopanska Banka**.

Makedonien erklärte seine währungsmäßige Unabhängigkeit und führte am 27.04.1992 den Makedonischen **Dénar** ein. Die kleinere Einheit heißt **Déni** (1 Dénar = 100 Déni).

Каде се наоѓа банката?
**káde ße náogja bánkata?**
*wo sich befindet Bank-die*
Wo befindet sich eine Bank?

Ми требат ситни пари.
**mi trébat ßítni pári.**
*mir braucht kleines Geld*
Ich brauche Kleingeld.

Можам ли да заменам травелер чек?
**mósham li da saménam Traveller Scheck?**
*kann(ich) ? Bw tausche(ich) Traveller Scheck*
Kann ich Travellerschecks tauschen?

**kje plátite li wo gótowo (wo kesch) ili ßo tschek?**
*Z bezahlt(Ihr) ? in fertig (in cash) oder mit Scheck*
Bezahlen Sie bar oder mit Scheck?

Mit Kreditkarte kann man in größeren Hotels und internationalen Geschäften bezahlen. Geldautomaten gibt es bei den Banken.

## auf der Post

ПТТ = пошта, телефон, телеграф
**PTT = póschta, telefón, telegráf**
PTT = Post, Telefon, Telegraf
(eine geläufige Abkürzung für Post)

**koj e schálterot sa ...?**
*wer ist Schalter-der für ...*
Welches ist der Schalter für ...?

| | |
|---|---|
| **poschtárina** | Briefporto |
| **póschtenßko ßándatsche** | Briefkasten |
| **póschtar** | Briefträger |
| **poßt-réßtant** | postlagernd |
| **rasglédniza** | Ansichtskarte |
| **pakét** | Paket |
| **telegráma** | Telegramm |
| **píßmo** | Brief |
| **wásduschna póschta** | Luftpost |
| **preporátscheno píßmo** | Einschreiben |
| **plik / plíkowi** | Briefumschlag/Mz. |
| **póschtenßka márka** | Briefmarke |
| **telefón** | Fernsprecher |

**íma li póschta sa méne?**
*hat ? Post für mich*
Ist Post für mich da?

**kólku kóschta pórtoto sa édno píßmo do Germánija?**
*wieviel kostet Porto-das für einen Brief nach Deutschland*
Wieviel kostet das Porto für einen Brief nach Deutschland?

Колку кошта една минута телефонски разговор до Германија?
**kólku kóschta édna mínuta telefónßki rásgowor do Germánija?**
*wieviel kostet eine Minute telefonisches Gespräch nach Deutschland*
Wieviel kostet eine Gesprächsminute nach Deutschland?

In der Telefonzelle (**telefónßka gowórniza**) kann man mit shetóni (Telefonmünzen) oder einer **telefónßka kárta** (Telefonkarte) telefonieren, erhältlich in Post, den größeren Hotels oder in den **tráfiki** (Zeitungskiosken).

| | |
|---|---|
| **telefónßki pówik** | Anruf |
| **telefónßki ímenik** | Telefonbuch |
| **telefónßki broj** | Telefonnummer |
| **telefónßka zentrála** | Fernsprechzentrale |

*(separates Gebäude außerhalb der Post, wo man nur telefonieren kann)*

**jáwete/jáwi mi ße po telefón!**
*meldet(Ihr)/melde(du) mir sich auf Telefon*
Rufen Sie/rufe mich bitte an!

**We/te báraat na telefón.**
*euch/dich suchen auf Telefon*
Sie/du werden/wirst am Telefon verlangt.

*Keine spezielle makedonische Eigenart, sondern balkanweit verbreitet ist die Gewohnheit, dass sich der Angerufene am Telefon nicht mit seinem Namen meldet. Statt dessen erwartet er, dass sich der Anrufer zuallererst erkundigt, ob er denn mit soundso verbunden sei (Hallo! Spreche ich mit ...?* **álo! dáli sbóruwam ßo ...** *?). Bekannte oder Freunde sind gar beleidigt, wenn man Ihre Stimme nicht sofort erkennt, sondern es noch der Nachfrage bedarf. Prompte Reaktion: „Wie konntest du mich so schnell vergessen, dass dir meine Stimme fremd geworden ist?" Sollte sich der Anrufer jedoch zuerst mit seinem Namen melden („Engelbrecht"), so erhält er promt zur Antwort: „Nein, hier wohnt kein Engelbrecht!"). Ein „Tüt, tüt, tüt" deutet an, dass damit das Gespräch für den anderen beendet war.*

**Kopiergeräte** gibt es in der Nähe der Banken und vor Behördengebäuden oder man fragt:

Каде се наоѓа фотокопирница?
**káde ße náogja fotokopírniza?**
*wo sich befindet Fotokopiererei*
Wo befindet sich ein Copyshop?

Колку кошта една страница?
**kólku kóschta édna ßtrániza?**
*wieviel kostet eine Seite*
Wieviel kostet eine Seite?

Eine **E-Mail** zu schicken soll kein Problem sein. Internetcafés haben auch in Makedonien in den großen Städten Fuß gefasst.

Каде се наоѓа интернеткафе?
**káde ße náogja Internetcafe?**
*wo sich befindet Internetcafé*
Wo befindet sich ein Internetcafé?

# krank sein

## ... beim Arzt

In jedem Stadtviertel gibt es ein staatliches und mehrere private Ärztehäuser: ambulánta (Ambulanz) oder sdráwßtwen dom (Gesundheitshaus).

| | | |
|---|---|---|
| **Káde íma ...?** | Каде има ... ? | Wo gibt es ...? |
| **bólniza** | болница | Krankenhaus |
| **klínika** | клиника | Klinik |
| **lékar, dóktor** | лекар, доктор | Arzt |
| **b'rsa pómosch** | брза помош | Krankenwagen |

Wenn das Wartezimmer voll ist, und es wirklich böse aussieht, kann man ruhig drängeln.

Ве молам, итен случај!
**We mólam, íten ßlútschaj!**
*euch bitte(ich), dringender Fall*
Bitte, ein Notfall!

Викнете еден лекар/брза помош!
**wíknete éden lékar/b'rsa pomosch!**
*ruft(Ihr) einen Arzt/schnelle Hilfe*
Rufen Sie einen Arzt/Krankenwagen!

**schto Wie?** oder **schto e ßo Waß?**
*was Euch ist* — *was ist mit Euch*
Was ist mit Ihnen? — Was ist mit Ihnen?

*Selbstverständlich sollte die Mitnahme einer kleinen Reiseapotheke sein, vor allem bei zu erwartenden Klimaveränderungen (noch im September können Temperaturen von über 40°C herrschen). Neben Schmerztabletten und einem Mittel gegen Durchfall dürfen Mückenspray und ein Sonnenschutzmittel keinesfalls fehlen. Sollte man sich einmal sehr schlecht fühlen, kann man getrost zum Arzt gehen. Die medizinische Betreuung ist gut.*

**méne mi e lóscho.**
*mir mir ist schlecht*
Es ist mir schlecht.

| **me bóli ...** | Ме боли ... | **Mir tut ... weh.** |
|---|---|---|
| **gláwata** | главата | der Kopf |
| **ókoto/ótschite** | окото | das Auge/Mz. |
| **úwoto/úschite** | увото | das Ohr/Mz. |
| **nóßot** | носот | die Nase |
| **sábot/sábite** | забот | der Zahn/Mz. |
| **wrátot** | вратот | der Nacken |
| **g'rloto** | грлото | der Hals |
| **ß'rzeto** | срцето | das Herz |
| **ßtómakot** | стомакот | der Bauch |
| **shelúdnikot** | желудникот | der Magen |
| **rámoto (rámite)** | рамото | die Schulter(n) |
| **rákata/rázete** | раката | die Hand/Mz. |
| **pr'ßtot/pr'ßtite** | прстот | der Finger, die Zehe/Mz. |
| **nógata/nósete** | ногата | der Fuß, das Bein/Mz. |
| **kolénoto/kolénata** | коленото | das Knie/Mz. |
| **g'rbot** | грбот | der Rücken |
| **grádite** | градите | die Brust |

Тука ме боли.
**túka me bóli.**
*hier mich schmerzt*
Hier tut es mir weh.

Тука повеќе ме боли.
**túka púwekje me bóli.**
*hier mehr mich schmerzt*
Hier tut es mir mehr weh.

**ímate wíßok (nísok) kr'wen prítißok.**
*habt(Ihr) hohen (niedrigen) blutigen Druck*
Sie haben einen hohen (niedrigen) Blutdruck.

| **ímam ...** | Имам ... | **Ich habe ...** |
|---|---|---|
| **káschliza** | кашлица | Husten |
| **rána** | рана | Wunde |
| **glawobólki** | главоболки | Kopfschmerzen |
| **treßkáwiza** | трескавица | Schüttelfrost |
| **temperatúra** | температура | Fieber |
| **próliw** | пролив | Durchfall |
| **ßtomáschni bólowi** | стомашни болови | Magenschmerzen |
| **ß'rzewi bólowi** | срцеви болови | Herzbeschwerden |

рана од изгорено
**rána od isgóreno**
Brandwunde

раната крвари
**ránata k'rwari**
die Wunde blutet

Два, три дена како што немам апетит.
**dwa, tri déna káko schto némam apetít.**
*zwei, drei Tage wie was nichthabe(ich) Appetit*
Seit zwei, drei Tagen habe ich keinen Appetit.

все ми се повраќа.
**wße mi ße pówrakja.**
*immer mir sich übergebe(ich)*
Immer muss ich mich übergeben.

*Nach dem Motto: Die meisten Krankheiten kommen vom unregelmäßigen Essen, seltener Liebe und dem Verzicht auf Alkohol empfehlen die makedonischen Ärzte den „Schwerkranken“ mit Augenzwinkern die beste Medizin: gutes Essen, Rotwein und schöne Frauen.*

Мислам дека имам нешто изкршено.
**míßlam déka ímam néschto isk'rscheno.**
*denke(ich) dass habe(ich) etwas gebrochen*
Ich denke, dass ich (mir) etwas gebrochen habe.

Вашата здравствена состојба е критична.
**wáschata sdráwßtwena ßóßtojba e krítitschna.**
*euer-der gesundheitlich-der Zustand ist kritisch.*
Ihr Gesundheitszustand ist kritisch.

Вие морате во болница.
**Wíe mórate wo bólniza.**
*Ihr müßt/Sie müssen ins Krankenhaus.*
Ihr müsst/Sie müssen ins Krankenhaus.

Јас сакам еден лек против кашлица.
**jaß ßákam éden lek prótiw káschliza.**
*ich will ein Arzneimittel gegen Husten*
Ich möchte ein Medikament gegen Husten.

**éwe ówa e wáschiot rezépt.**
*hier das ist Euer-das Rezept*
Hier ist Ihr Rezept.

медицинска сестра
**medizínßka ßéßtra**
Krankenschwester

**beim Zahnarzt saboléкar yabolekar**

Пломбирајте ми го забот, немојте да го извадите!

**plombírajte mi go sábot, némojte da go iswádite!**

*plombiert mir ihn Zahn-den, nichtkönnt Bw ihn zieht*

Plombieren Sie mir den Zahn, nicht ziehen!

Дајте ми, молам една анестезија!

**dájte mi, mólam, édna aneßtésija!**

*gebt mir, bitte(ich), eine Anästhesie*

Geben Sie mir bitte eine Betäubung(sspritze)!

Не сакам анестезија!

**ne ßákam aneßtésija!**

*nicht will(ich) Anästhesie*

Ich möchte keine Betäubung(sspritze)!

Tomáš Míček

| in der Apotheke | aptéka | apteka |
|---|---|---|

Каде се наоѓа најблизката аптека?
**káde ße náogja najblískata aptéka?**
*wo sich befindet nächste-die Apotheke*
Wo ist die nächste Apotheke?

| | | |
|---|---|---|
| **rezépta** | рецепта | Rezept |
| **lek(árßtwo)** | лекарство | Medizin |
| **sáwoj** | завој | Verband |
| **injékzija** | инјекција | Spritze |

**kolkúpati?** wie oft?

| | | |
|---|---|---|
| **dwa, tri páti na den** | два, три пати на ден | zwei-, dreimal am Tag |
| **préd jádenje** | пред јадење | vor dem Essen |
| **póßle jádenje** | после јадење | nach dem Essen |
| **pred ßpíenje** | пред спиење | vor dem Schlafen |

Имате ли женски уложки, куртони?
**ímate li shénßki úloshki, kurtóni?**
*habt(Ihr) ? Damen Binden, Kondome*
Haben Sie Damenbinden, Kondome?

## Liebesgeflüster

Da sich auf einer Reise in jeder Richtung viele Kontaktmöglichkeiten ergeben, kann ich das Kapitel nicht einfach schweigend übergehen. Ein makedonischer Anmacher ist nicht nur auf eine Liebesnacht mit einer westlichen Ausländerin scharf, sie stellt für ihn auch eine legale Möglichkeit dar, mit einer Heirat dorthin auszuwandern, wo das Leben viel „leichter", das Geld viel mehr und alles so schön ist. In diesem Sinne kann es etwas direkter werden:

**mátschenze, ßákasch li**
*Kätzchen, willst(du) ?*
**wétscherwa da ße sabawúwame?**
*Abend-dieser Bw uns amüsieren*
Kätzchen, möchtest du heute Abend, dass wir uns amüsieren?

**sa pr'w pat ímam glédano tákwa**
*für erstes Mal habe(ich) gesehenes solches*
**úbawa déwojka, káko Waß/tébe.**
*schönes Mädel, wie Ihr/du*
Das erste Mal sehe ich ein so schönes Mädchen wie Sie/dich.

**ostáwi me na míra!**
*laß mich auf Ruhe*
Lass mich in Ruhe!

*Den heißgewordenen Anmacher kann man mit einem Wort loswerden:* **óladi**! *Wörtl.: Geh unter die kalte Dusche!*

Aber es ist auch schließlich niemand sicher vor **ljúbow na pr'w pógled** (Liebe auf den ersten Blick), die lange oder ein ganzes Leben andauern kann.

**Wíe mi ße dopágjate mnógu.**
*Ihr mir mich gefällt viel*
Sie gefallen mir sehr.

**Ti mi ße dópagjasch mnógu.**
*du mir mich gefällst viel*
Du gefällst mir sehr.

**doswólete da We pókanam na éden píjalok?**
*erlaubt(Ihr) Bw euch einlade(ich) auf einen Drink*
Darf ich Sie zu einem Drink einladen?

Nace Popov@fotolia.com

Kirche des Hl. Klement (Hl. Pantelejmon), Ohrid

**móshe li wétscherwa da ße wídime?**
*kann ? Abend-dieser Bw uns sehen*
Können wir uns heute Abend sehen?

**ßákate li da ßi proschétame sáedno?**
*wollt(Ihr) ? Bw wir uns spazieren zusammen*
Möchten Sie mit mir zusammen spazieren?

**ti ímasch ...**
Du hast ...
**... úbawi ótschi, úbawa kóßa, úbawi úßni, néshni ráze..**
... schöne Augen, schönes Haar, schöne Lippen, zarte Hände..

**jaß ßum mnógo sáljuben wo tébe.**
*ich bin viel verliebt in dich*
Ich bin sehr in dich verliebt.

**jaß ßum ljubómoren.**
Ich bin eifersüchtig.

**jaß ne mósham da ßi sámißlam shíwot bes tébe.**
*ich nicht kann Bw sich vorstelle(ich) Leben ohne dich*
Ich kann mir ein Leben ohne dich nicht vorstellen.

**ti ßi mi gólema ljúbow.**
*Du bist meine große Liebe.*

**te ßákam!**
*dich will(ich)*
Ich liebe dich!

## Der Kuss

Der Deutsche kann Liebe (aber nicht nur sie) mit einem lauten Schmatzkuss oder mit einem zarten Kuss zum Ausdruck bringen. Ebenso küssen sich die Makedonier mit verschiedenen Küssen.

*Das ist eine gute Gelegenheit, das unvollendete Verb* **(ße) báknuwa** *(sich) küssen zu beugen:*

**jaß (ße) báknuwam**
**ti báknuwasch**
**toj báknuwa**
**níe (ße) baknúwame**
**wíe baknúwate**
**tíe baknúwaat**

**báknesh** (Mz. **bákneshi**) ist ein Kuss, der kurz dauert, sich laut anhört und dabei trocken ist; er kann sowohl der Mama gelten, dem Freund, der Freundin oder dem Kind, das man lange nicht gesehen hat. Er ist, kurz gesagt, universell anwendbar.

**póljubaz** (Mz. **póljubzi**) ist ein Kuss, der zärtlich aufgetragen wird, je nach Bedarf trocken oder feucht ist, kurz oder lang. Was die Stelle betrifft, so ist sie unbegrenzt - es kann auch ein Handkuss sein!

Das Verb **ljúbi (vo)** (lieben) schließt Küssen mit ein. Dies bedarf keiner weiteren Erläuterung.

Beugen Sie mal mit:

**jaß ljúbam**
**ti ljúbisch**
**tój ljúbi**
**níe (ße) ljúbime**
**wíe ljúbite**
**tíe ljúbaat**

# Schimpfen und Fluchen

Jedes Volk hat seine Schimpfwörter. Die Balkanvölker aber sind der Meinung, dass sie die schmutzigsten, schärfsten und beleidigendsten Schimpfwörter besitzen. Die Gebräuchlichsten will ich nennen. Sie sind nicht als Gebrauchsempfehlung gedacht, sondern nur, um eine Vorstellung davon zu bekommen und damit man nicht „schutzlos" dem ausgeliefert ist, was manche einen Spaß nennen.

Wenn Makedonier hören, wie man im Deutschen schimpft, dann lächeln sie über Wörter wie „Scheiße", „Schwein" u.ä., denn in den makedonischen Ohren sind diese Ausdrücke überhaupt nicht beleidigend.

| | |
|---|---|
| **pßújam** | **pßúenje** |
| fluchen | Fluch |

**da ti ébam májkata!**
*Bw deine ficke(ich) Mutter-die*
Ich ficke deine Mutter!

**ébi ßi májkata!**
*ficke(du) sich deine Mutter-die*
Ficke deine Mutter!

Hierfür gibt es im Deutschen keinen adäquaten Ausdruck. „Wörtlich" übersetzt sind diese Schimpfwörter schockierend. Sie sind aber nie wörtlich gemeint. Manchmal werden sie geradezu gegenteilig verwendet. Mit völlig anderem Tonfall kann zum Beispiel

**ébi mu májkata!**
*ficke(du) seine Mutter-die*
Ficke seine Mutter!

ein Ausdruck der Begeisterung sein (beim Anblick eines schönes Mädchens oder tollen Autos bzw. beim unerwarteten Wiedersehen eines guten Bekannten). Oder es kann schlicht bedeuten: „Lass es gut sein! Es hat sich erledigt!“.

| | |
|---|---|
| **kur** | Schwanz |
| **pítschka** | Fotze |
| **kúrwa** oder **róßpija** | Nutte |
| **kúrwar** | Schürzenjäger (wörtl.: Nuttenjäger) |
| **neranímajko** | ein Sohn, der nicht einmal seine Mutter unterstützen kann, der faul, leichtsinnig, ein Nichtsnutz ist |
| **próßtak** (w. **próßtatschka**) | Rüpel |
| **glúpak** (w. **glúpatschka**) | Dummkopf |
| **idiót** (w. **idiótka**) | Idiot |

# Literaturempfehlungen

Wer sich eingehender mit der Sprache befassen möchte, sollte sich am besten in Makedonien folgende Bücher besorgen:

*Miloschew, Gruik, Aleksowski*: **Wörterbuch, Makedonisch-Deutsch / Deutsch-Makedonisch**, 735 Seiten, Skopje, 1994

*Dr. Dimitrija Gacov*: **Deutsch-Makedonisches Wörterbuch**, 383 Seiten, Skopje, 1995

In Deutschland erhältliche Literatur über den jungen osteuropäischen Staat und seine Menschen:

*Weithmann, W. Michael*: **Balkan-Chronik**. 2000 Jahre zwischen Orient und Okzident. Verlag Friedrich Pustet Regensburg/Verlag Styria Graz, Wien, Köln, 2. Auflage 1997. Umfassende und vielseitige Informationsquelle für alle, die die Hintergründe der dramatischen Ereignisse in dieser Region verstehen wollen.

*Libal, Wolfgang*: **Mazedonien zwischen den Fronten, junger Staat mit alten Konflikten,** Europaverlag 1993, Wien. Ein fundiertes und spannend geschriebenes Buch, in dem die Gründe für die problematischen Beziehungen zu den Nachbarvölkern beleuchtet werden.

Hrsg. *Elke Lorenz/Andreas Raab*: **Makedonien, Reiches armes Land, Majka Makedonija**, Gerhard Hess Verlag, Ulm, 1997. Engagierte makedonische Persönlichkeiten und Wissenschaftler vermitteln hier ein umfassendes Bild von Makedonien. Häufig gleitet die Selbstdarstellung jedoch ins Nationalistische ab.

**Abkürzungen:**
*(m.) = (männlich),*
*(w.) = (weiblich)*
*(s.) = sächlich*
*(Mz.) = (Mehrzahl)*
*(uv.) = unvollendeter Aspekt*
*(vo.) = vollendetes Aspekt*

**Zeichen:**
*; = grenzt Alternativen ab*
*/ = ab hier ändert sich die Endung, je nach Geschlecht*

**Geschlechter:**
*Erkennbar an der Endung*
*Selbstlaut – (m.)*
**–a** *= (w.)*
**–o** *oder* **–e** *= (s.)*
**–i** *= (Mz.)*

*Ausnahmen werden gekennzeichnet.*

**Hauptwörter:**
*Es gibt manchmal eine männliche und eine weibliche Mehrzahlform. Endungen beachten!*

**Eigenschaftswörter:**
*Unregelmäßige Beugungen werden meist abgekürzt, z.B.:* **dißkret/en, –na, –no, –ni**.

*Es gilt die Reihenfolge: (m.), (w.), (s.), (Mz.)*

Saskia Drude

Ohrid

## A

**a** aber
**ádreßa** Adresse
**aeródrom** Flughafen
**agénzija** Büro
**álkochol** Alkohol
**áma** aber
**ambáßada** Botschaft (dipl.)
**ambáßador** Botschafter
**ánglißki** englisch
**ap** Tablette
**áptek/a, -i** Apotheke
**áptsche** Tablette
**argúment** Beweis
**áwion** Flugzeug
**awiónßk/a kárt/a, -i** Flugticket
**Awßtrija** Österreich
**awßtrijan/ez, -ka** *(w.)*, **-zi** Österreicher(in)
**awténtitschen** echt
**áwtobuß, awtóbußi** Bus
**awtómobil** Auto
**awtóßerwiß** Autowerkstatt

## B

**b'rs, -a, -o, -i** schnell; sich beeilen *(uv.)*
**bába** Großmutter
**bagásh, -i** Gepäck
**bákschisch** Trinkgeld
**bánja** baden
**bánka** Bank (Geld)
**bára** *(uv.)* suchen
**basch** genau
**batérija** Batterie

**báw/en, -na, -no, -ni** langsam
**béden, bedna, bedni** arm
**bénsin** Benzin
**bénsinßka púmpa, -i** Tankstelle
**bérba** Ernte
**bes** ohne
**bésbed/en, -na, -no, -ni** sicher
**besbednoßt** *(w.)*, **-i** Sicherheit
**besráboten, -a, -i** arbeitslos
**béßplat/en, -na, -no, -ni** kostenlos
**bíduwa** *(uv.)* werden
**bílet sa reserwírano méßto** Platzkarte
**bilét, -i** Fahrkarte
**bíra** *(uv.)* wählen
**bíro** Büro
**bísniß** Geschäft (Tätigkeit)
**bísnißmen** Geschäftsmann
**blagódari** *(vo.)* danken
**blagódarnoßt** *(w.)* Dank
**blíßku** nah
**blísu** nah
**bog** Gott
**bógat** reich
**bói** *(uv.)* malen
**bója, -i** Farbe
**bol** Schmerz
**ból/en, -na, -no, -ni** krank
**bóleßt** *(w.)*, **-i** Krankheit
**bóli** schmerzen
**bólk/a, –i** Schmerz
**bólniz/a, -i** Krankenhaus
**bórb/a, -i** Kampf
**brákja i ßéßtri** *(Mz.)* Geschwister
**bráni** *(vo.)* verteidigen
**bráschno** Mehl
**brat, brákja** *(Mz.)* Bruder
**brátschen par** *(m.)*, **brátschna dwójka** *(w.)* Ehepaar
**brémen/a, -i** schwanger
**brod** Schiff
**broj, brojka, bróewi** Nummer; Schuhgröße
**búdi** *(vo.)* wecken
**búket zwékje** Blumenstrauß
**búkw/a, -i** Buchstabe
**búr/a, -i** Gewitter

## C

**chártij/a, -i** Papier
**chigíen/a** Hygiene
**chrán/a, -i** Nahrung

## D

**d'rshaw/a, -i** Staat
**d'rsháwjanßtw/o, -a** Staatsangehörigkeit
**d'rshawna inßtitúzija** Behörde
**d'rshi** *(vo.)* halten
**d'rwo** Baum; Holz
**da** ja
**dáletsch/en, -na, -no, -ni** fern; weit
**dar, dárowi** Geschenk
**dáshbin/a, -i** Gebühr
**dátum** Datum
**dáwa** *(uv.)* geben
**débel, -a, -o, -i** dick
**dédo** Großvater
**déjßtwo** Wirkung
**déka** dass
**den, dénowi** Tag
**déneß(ka)** heute
**déßno** rechts
**déte, déza** *(Mz.)* Kind
**déwojk/a, -i** Mädchen
**déwojtsche, dewójtschinja** *(Mz.)* Mädchen
**díga** *(uv.)* heben
**díjalekt** Dialekt
**díßkotek/a, -i** Diskothek
**díßkret/en, -na, -no, -ni** geheim
**dlábok, -a, -o, -i** tief
**dnéwen** täglich
**do** bis
**dóagja** *(uv.)* ankommen; kommen
**dóagjanje** Ankunft
**prißtignúwanje** Ankunft
**dób/ar, -ra, -ro, -ri** gut
**dóbiwa** *(uv.)* bekommen
**dóchod, -i** Einnahme
**dódeka** bevor
**dójde** *(vo.)* kommen
**dókas** Beweis
**doktor** Arzt
**dókument, -i** Dokument(e)
**dolg, -a, -o, -i** lang, weit

**dólg, -owi** Schuld
**dólin/a, -i** Tal
**dólsh/en, -na, -no, -ni** schuldig
**dólu** unten; hinunter
**dómakjin, -ka, -i** Gastgeber(in)
**domákjinka** Hausfrau
**donéßuwa** *(uv.)* bringen
**dóshd** Regen
**dóßta** genug
**dóowola** Erlaubnis
**dóswoli** *(vo.)* erlauben
**doswóluwa** *(uv.)* erlauben
**dów'rschi** *(vo.)* beenden
**dow'rschuwa** *(uv.)* beenden
**dówerb/a, -i** Vertrauen
**dówolno** genug
**dózna** spät
**dóznenje** Verspätung
**dózni** *(vo.)* sich verspäten
**dsheb, dshébowi** Tasche
**dsid** Mauer; Wand
**dsídar, -i** Mauer
**dswer, dswérowi** Tier
**dswésd/a, -i** Stern
**dúkjan, -i** Geschäft (Laden)
**dúpk/a, -i** Loch
**dúri** sogar
**dwór/ez, -zi** Schloss (Gebäude)

## E

**éden ßo drug** einander
**édnash** einmal
**édnißtweno** nur
**ékßport** Ausfuhr
**emózij/a, -i** Gefühl
**éser/o, -a** *(Mz.)* See
**éßen** Herbst
**ewtin, -o, -a, -i** billig

## F

**fábrik/a, -i** Fabrik
**fakt** Beweis
**film** Film
**film wo boja** Farbfilm
**flértuwa** *(uv.)* flirten
**formulár, -i** Formular
**fotoaparat** Fotoapparat
**fotográfij/a, -i** Fotografie
**fotográfira** *(uv.)* fotografieren
**fríshider, -i** Kühlschrank
**fúßtan, -i** Kleid

## G

**gágja** *(uv.)* schießen
**gaß** Gas
**geógrafßk/a kárt/a, -i** Landkarte
**gérman/ez, -ka, -zi** Deutsche(r)
**Germanija** Deutschland
**gérmanßki** deutsch
**gjúbre** Müll; Schmutz
**glád/en, -na, -no, -ni** hungrig (sein)
**glaß** Stimme
**gláß/en, -na, –no, -ni** laut
**gláwa, -i** Kopf
**gléda** *(uv.)* sehen
**glóba, -i** Strafe
**glup, -a, -o, -i** dumm
**gnil, -a, -o, -i** faul (Obst)
**gnoj** Eiter
**gódina, -i** Jahr
**gódisch/en, -na, -no, -ni** jährlich
**gódischno wréme, gódischni wrémenja** *(Mz.)* Jahreszeit
**gol, -a, -o, -i** nackt
**gólem, -a, -o, -i** groß
**golómina** Größe (Kleidung u.ä.)
**góre** oben; auf
**goréschtina** Hitze
**góri** brennen
**góßodin** Herr
**góßpod** Gott
**goßpógjiz/a, -i** Fräulein
**góßt, -enka, -i** Gast
**goßtóprimßtwo** Gastfreundschaft
**gótow, -a, -o, -i** fertig
**gótowi pári** Bargeld
**gótwi** kochen
**gówori** *(vo.)* sprechen; reden
**grad, grádowi** *(Mz.)* Stadt
**grádba** Bau
**grádi** Brust(korb); bauen *(vo.)*
**grádin/a, -i** Garten
**gragjanin** Bürger
**gram, -a** Gramm
**gramátik/a, -i** Grammatik
**gramófonßk/a plótsch/a, -i** Schallplatte
**grániz/a, -i** Grenze

**grében** Kamm
**gréschk/a, -i** Fehler
**grip** Grippe
**grísh/a, -i** Sorge
**gríshliwoßt** *(w.)* Sorge
**grob, gróbowi** Grab
**gróbischta** *(Mz.)* Friedhof
**grúp/a, -i** Gruppe
**gúbi** *(vo.)* verlieren (Dinge)
**gúm/a, -i** Reifen

## I

**i** und
**ídniot pat** nächstes Mal
**ígl/a, -i** Nadel
**ígra** spielen
**igrálischte** Spielplatz
**ígratschk/a, -i** Spielzeug
**íma** *(uv.)* haben
**íme** Name; Vorname
**impórt** Einfuhr
**indúßtrija** Industrie
**infékzij/a, -i** Infektion
**informázija, informazii** Auskunft; Information
**infórmira** *(uv.)* benachrichtigen
**inßékt, -i** Insekt
**intéreß/en, -na, -no, -ni** interessant
**interéßira** *(uv.)* sich interessieren (für)
**internationálen** international
**ísbanja** *(vo.)* baden
**ísbira** *(uv.)* wählen
**ísdawa pod náem** vermieten
**isgówara** *(uv.)* aussprechen
**ísgowáranje** Aussprache
**isgówori** *(vo.)* aussprechen
**ísgradba** Bau
**ísgubi** *(vo.)* verlieren (Dinge)
**isgúbuwa** *(uv.)* verlieren (Dinge)
**íslashe** *(vo.)* lügen
**isléguwa** *(uv.)* aussteigen
**ísles** Ausgang
**íslisch/en, -na, -no, -ni** übrig
**ísloshba** Ausstellung
**ísmama** Betrug
**ísmamnik** Betrüger
**ismámuwa** *(uv.)* betrügen
**ismámuwa** *(vo.)* lügen
**isnúduwa** *(uv.)* erpressen
**isnudúwanje** Erpressung
**íßklutschok** Ausnahme
**íßpee** *(vo.)* singen
**íßpere** *(vo.)* Bahnsteig
**íßprakja** *(vo.)* schicken, senden
**íßprati** *(vo.)* schicken, senden
**íßproba** *(vo.)* versuchen
**ißpróbuwa** *(uv.)* versuchen
**íßpuka** *(vo.)* schießen
**íßto** auch
**íßtok** Osten
**ißtórija** Geschichte (Historie)
**ísweshba** üben
**iswinénie** Entschuldigung
**iswínuwa (ße)** *(uv.)* sich entschuldigen
**iswinúwanje** Entschuldigung
**íswod od matítschnata kníga na rodénite** Geburtsschein
**íswos** Ausfuhr
**ít/en, -na, -no, -ni** dringend

## J

**jáde** *(vo.)* essen
**jadenje** Speise
**jájz/e, -a** *(Mz.)* Ei
**jak, -a, -o, -i** stark
**jási/k, -zi** Sprache
**jorgan** Decke (Bett)
**jug** Süden

## K

**káde** wo; wohin
**kaj** bei
**káko** wie
**kámen** *(w.)*, **-i** Stein
**kápe** baden
**káraniza, -i** Streit
**kárta, -i** Fahrkarte
**káshuwa** *(uv.)* sagen
**kásna, -i** Strafe
**kásnet, -a, -o, -i** bestraft
**kásni** *(vo.)* bestrafen
**kásnuwa** *(uv.)* bestrafen
**káß/a, -i** Kasse

**káwga** Streit
**kíbritsche** Streichhölzer
**kín/o, -a** *(Mz.)* Kino
**kírij/a, -i** Miete
**kíßel, -a, -o, -i** sauer
**kjebe** Decke (Bett)
**kjerk/a, -i** Tochter
**klínik/a, -i** Klinik
**kloset** Toilette
**klutsch, klútschewi** Schlüssel
**kníg/a, -i** Buch
**kóga** als (zeitl.); wann
**koj** wer
**kól/a, –i** Wagen
**kólatsch, -i** Kuchen
**kólib/a, -i** Hütte
**kolítscheßtw/o, -a** Menge, Quantität
**kolítschin/a, -i** Menge, Quantität
**kólku** wieviel
**kómar/ez, -zi** Mücke
**kón/ez, -zi** Faden
**kónsulat** Konsulat
**kontrólira** *(uv.)* kontrollieren
**konwersázija** Unterhaltung
**konzért, -i** Konzert
**kópn/o, -a** Land
**kóschta** kosten (Preis)
**kr'tschm/a, -i** Kneipe
**kráde** stehlen
**kraj** Ende
**kraj, krájowi** Landschaft
**kráshb/a, -i** Diebstahl
**krát/ok, -ka, -ko, -ki** kurz
**krépoßt** *(w.)*, **-i** Burg
**kréwet** Bett
**kríe** *(vo.)* verstecken
**krítik/a, -i** Kritik
**kríwin/a, -i** Kurve
**kúfer, -i** Koffer
**kúkj/a, -i** Haus
**kúltur/a, -i** Kultur
**kupátilo** Badezimmer
**kúpi** *(vo.)* kaufen
**kúpuwa** *(uv.)* kaufen
**kúrton, -i** Kondom
**kuß, -a, -o, -i** kurz
**kwálitet** Qualität

## L

**lád/en, -na, -no, -ni** kühl
**lá/ga, -shi** Lüge
**lámp/a, -i** Lampe
**láshe** *(uv.)* lügen
**láshiz/a, -i** Löffel
**leb, léba** *(Mz.)* Brot
**lékar** Arzt
**lékuwa** *(uv.)* behandeln (Krankheit)
**lépi** *(vo.)* kleben
**léshi** *(uv.)* liegen
**léß/en, -na, -no, -ni** leicht (nicht schwer)
**léta** *(uv.)* fliegen
**lét/o, -a** Sommer
**létschi** *(vo.)* behandeln (Krankhaus)
**lew, -a, -o, -i** links
**lißt, lîßja** *(Mz.)* Blatt
**lítschna kárta** Ausweis
**líze** Person
**ljúbes/en, -na, -no, -ni** höflich
**ljúbi** *(vo.)* lieben
**ljubópit/en, -na, -no, -ni** neugierig
**losch -a, -o, -i** böse; schlecht
**lúgje** *(Mz.)* Mensch

## M

**m'rsliw, -a, -o, -i** faul (träge)
**m'rtow, -a, -o, -i** tot
**mal, -a, -o, -i** klein
**málku** wenig; bisschen
**málze** wenig; bisschen
**mámi** *(uv.)* lügen
**mámi** *(vo.)* betrügen
**máschk/i** *(m.)*, **-a, -o, -i** männlich
**mash mi** Ehemann (mein Mann)
**mash, -i** Mann
**máßlo** Öl
**mátsch/en, -na, -no, -ni** schwierig (nicht einfach)
**méan/a, -i** Kneipe
**mebel, -i** Möbel
**mégju** zwischen
**megjunárod/en, -na, -no, -ni** international
**méni** Speisekarte
**ménuwa** *(uv.)* wechseln
**méß/o, -a** Fleisch
**méßto** Ort; Platz; Stelle
**mínato** Vergangenheit
**mínatoßt** *(w.)* Vergangenheit
**mínut/a, -i** Minute
**mir** Frieden
**míßli** denken

**mlad, -a, -o, -l** jung
**mnógu** viel
**mód/a, -i** Mode
**mo/j, -a, -e, -i** mein/e
**mók/ar, -ra, -ro, -ri** nass
**mólb/a, -i** Bitte
**móli** *(vo.)* bitten
**móliw,- i** Bleistift
**mómitsche** (s.), **momítschinja** *(Mz.)* Mädchen
**mómtsche** Junge
**móra** müssen
**móre** Meer
**móshe** *(vo.)* können
**móshebi** vielleicht
**móshno** möglich
**móshnoßt** *(w.)*, **-i** Möglichkeit
**moßt** Brücke
**mótor** Motorrad
**mótorzikl, -i** Motorrad
**mrási** *(vo.)* hassen
**músej, -i** Museum
**músik/a, -i** Musik

## N

**na** auf
**na káde** wohin
**na tóa** darauf
**nádesh** *(w.)* Hoffnung
**nádolu** hinunter
**náem, -i** Miete
**naémuwa** *(uv.)* mieten
**nágradi** *(vo.)* belohnen
**nagráduwa** *(uv.)* belohnen
**nájduwa** *(uv.)* finden
**najwerójatno** wahrscheinlich
**nákraj** hinten
**náogja** finden
**nápische** *(vo.)* schreiben
**náprawi** *(vo.)* tun; machen
**nápred** vorne
**narétschije** Dialekt
**národ, -i** Volk
**násad** zurück
**nasch, náscha, násche, náschi** unser/e
**naßékade** überall
**naßílie** Zwang
**náßlika** *(vo.)* malen
**náßok/a, -i** Richtung
**náßproti** gegenüber
**náßtan** Ereignis
**náßtink/a, -i** Schnupfen, Erkältung
**naßtínuwa** *(uv.)* erkältet sein
**natówara** *(uv.)* beladen
**natówari** *(vo.)* beladen
**náuka** Wissenschaft
**náutschi** *(vo.)* lernen
**naútschuwa** *(uv.)* lernen
**náwik(a)** *(m.)* Gewohnheit
**nawíknuwa** *(uv.)* sich gewöhnen (an)
**náwreda** Beleidigung
**nawreduwa** *(uv.)* beleidigen
**naziónalnoßt** *(w.)*, **-i** Nationalität
**ne** nein; nicht
**nédel/a, -i** Woche
**nedóßtato/k, -zi** Mangel (Eigenschaft)
**nédoßtig** Mangel
**négow, -a, -o, -i** sein
**nékogasch** einmal; manchmal
**nékoi** einige
**néko/j, -ja, -e, -i** man; jemand; mancher
**nékolku** paar; einige
**neópchod/en, -na, -no, -ni** notwendig
**néposnat, -a, -o, -i** unbekannt
**néschto** etwas
**néshenet, nemáshena** ledig
**neßrekjen ßlutschaj** Unfall
**nétschißt, -a, -o, -i** schmutzig
**netschißtótij/a, -i** Schmutz
**néwin, -a, -o, -i** unschuldig
**newráboten** arbeitslos
**níe, naß, nam, ni, naß, né** wir
**níkogasch** nie(-mals)
**níko/j, -ja, -e, -i** keiner; niemand
**nís** (hin-)durch
**nischto** nichts
**nís/ok, -ka, -ko, -ki** niedrig
**no** aber
**nóg/a, -i** Fuß
**nokj, -i** Nacht
**nórmal/en, -na, -no, -ni** normal

**nosh, -ewi** Messer
**nóshizi** Schere
**nóßi** *(uv.)* tragen
**nóßi** *(vo.)* bringen
**now, -a, -o, -i** neu
**nówinar** Journalist
**nówoßt** *(w.)*, **-i** Nachricht
**núsh/en, -na, -no, -ni** notwendig

## O

**o, bóshe!** Ach Gott!
**o, góßpode!** Ach Gott!
**óbitschaj, obítschai** Brauch; Gewohnheit
**objaßnénie** Erklärung
**óbjaßni** *(vo.)* erklären
**objaßnuwa** *(uv.)* erklären
**óblaßt** *(w.)*, **–i** Gegend
**óbleka** Kleidung
**óboi** *(vo.)* malen
**óbrasez** Formular
**obútschuwa** *(uv.)* unterrichten (lehren)
**od** als (Vergleich); aus; seit
**od káde** woher
**od tóa** daraus
**ódamna** lang(e) (Zeit)
**ódbira** *(uv.)* wählen
**ódbrani** *(vo.)* verteidigen
**odbránuwa** *(uv.)* verteidigen
**ódednasch** plötzlich
**ódgowor** Antwort
**ódi** *(vo.)* gehen
**ódi pesch** zu Fuß; wandern
**ódlitschno** ausgezeichnet
**ódmasd/a, -i** Rache
**ódmor** Urlaub; Ferien
**odnénadesh** plötzlich
**ódnoß** Beziehung
**ódnowo** wieder
**ófiß** Büro
**ógan** Feuer
**oglédal/o, -a** Spiegel
**okólin/a, -i** Gegend, Umgebung
**ókolu** etwa
**ómrasa** Hass
**ónaka** so
**ónamu** dorthin; dort
**ónde** dort
**ón/oj, -aa, -a** jener, jene, jenes
**ónolku** so
**ópaß/en, -na, -no, -ni** gefährlich
**ópaßnoßt** *(w.)*, **-i** Gefahr
**operázij/a, -i** Operation
**ópschteßtw/o, -a** Gesellschaft
**organísira** *(uv.)* organisieren
**órman, -i** Wald
**óruschje** Waffe
**oßigurúwanje** Versicherung
**oßtánuwa** *(uv.)* bleiben
**óßt/ar, -ra, -ro, -ri** scharf
**óßtrow, -i** Insel
**otgówara** *(uv.)* Ausreise
**otgówori** *(vo.)* antworten
**otidúwanje** Ausreise
**ótkako** seit
**otpátuwa** *(uv.)* abreisen
**otpátuwa** *(uv.)* wegfahren
**ótrow, -i** Gift
**ótrowna pétschurka** Giftpilze
**ótrown/a smíj/a, -i** Giftschlange
**ótschila** Brille
**ottam** daraus
**ótwora** *(uv.)* öffnen
**ótwori** *(vo.)* öffnen
**ówde** hier; da
**ówoschje** Obst

## P

**págja** *(uv.)* stürzen
**pak** wieder
**paket, -i** Paket
**pámet/en, -na, -no, -ni** klug
**pantalóni** Hose
**par** Paar
**pári** Geld
**park** Park
**párkira** *(uv.)* parken
**pártsche** Stück
**pásar, -i** Markt
**pásari** *(vo.)* kaufen
**pasáruwa** *(uv.)* kaufen
**páßosch, -i** Pass; Ausweis
**páßta sa sábi** Zahnpasta
**pat** Weg; Reise
**pátuwa** *(uv.)* reisen; fahren
**patúwanje** Reise
**páus/a, -i** Pause

**pazient, pazíentka, -i** Patient
**pédlog** Vorschlag
**pée** *(uv.)* singen
**pére** *(uv.)* waschen
**péron** Bahnsteig
**péschatschi** *(vo.)* wandern
**péßn/a, -i** Lied
**péßok** Sand
**pétschalb/a, -i** Gewinn
**pétschk/a, -i** Ofen
**píe** trinken
**píjalok, pijálozi** Getränk
**píjan, -a, -o, -i** betrunken
**píschuwa** *(uv.)* schreiben
**píßm/o, -a** *(Mz.)* Brief
**píwo** Bier
**pládne** Mittag
**plákanje wo gótowo** Barzahlung
**plákja** *(uv.)* zahlen; bezahlen
**plan, plánowi** *(Mz.)* Plan
**plánin/a, -i** Gebirge
**pláta** Gehalt; Lohn
**pláti** *(vo.)* bezahlen
**plátsche** *(uv.)* weinen
**plik, plíkowe** *(Mz.)* Briefumschlag
**plíwa** *(uv.)* schwimmen
**pljátschki** Gepäck
**plod** Frucht
**po** (hin-)durch; nach (Zeit; Richtung); hinterher
**póagja** abfahren
**póbed/a, -i** Sieg
**pód** unter
**pódarok, podározi** Geschenk
**podgótwuwa** *(uv.)* vorbereiten
**pódob/ar, -ra, -ro, -ri** besser
**pódozna** später; nachher
**pódrum, -i** Keller
**pógled, -i** Beziehung
**pógodi** *(vo.)* schießen
**pogóduwa** *(uv.)* schießen
**pógresch/en, -na, -no, -ni** falsch
**pójadok** Frühstück
**pojáduwa** *(uv.)* frühstücken
**pókan/a, -i** Einladung
**pokánuwa** *(uv.)* einladen
**pokáshuwa** *(uv.)* zeigen
**pókriw, -i** Dach
**póle** (s.) Feld
**póleka** langsam
**polétuwa** *(uv.)* abfliegen
**polítik/a, -i** Politik
**polízija** Polizei
**póln, -a, -o, -i** voll
**polnówashen** gültig
**pólowin/a, -i** Hälfte
**pómaga** helfen
**pomínuwa** *(uv.)* verbringen
**pómni** *(vo.)* sich erinnern
**pomognuwa** *(uv.)* helfen
**pómosch** *(w.)* Hilfe
**ponékogasch** manchmal
**pópladne** Nachmittag
**póprawa** *(uv.)* reparieren
**póradi tóa** deshalb
**pórano** früher
**póratscha** *(vo.)* bestellen
**póratschka** *(w.)* Bestellung
**porátschuwa** *(uv.)* bestellen
**pósadi** hinten
**pósajmi** *(vo.)* sich leihen (von)
**posájmuwa** *(uv.)* sich leihen (von)
**póschta** Post(amt)
**póschtenßk/a márk/a, -i** Briefmarke
**pósdrawi** *(vo.)* grüßen
**posdráwuwa** *(uv.)* begrüßen; grüßen
**póshar, -i** Brand
**pósharna kómanda** Brandwache
**pósheli** *(vo.)* wünschen
**poshéluwa** *(uv.)* wünschen
**pósnajnik, posnájniza, posnájnizi** Bekannte (r)
**pósnat, -a, -o, -i** bekannt
**pósnawa** *(uv.)* kennen
**póßeta** Besuch
**póßeti** *(vo.)* besuchen
**poßétitel, poßetítelka, -i** Besucher
**poßétuwa** *(uv.)* besuchen
**póßle** nachher; nach (Zeit; Richtung)
**poßówetuwa** *(uv.)* raten
**póßtawi** *(vo.)* stellen
**poßtáwuwa** *(uv.)* stellen

**poßtélina** Bettzeug
**pótoa** hinterher; danach; nachher
**potpalúwanje** Brandstiftung
**potpíschuwa** *(uv.)* unterschreiben
**pótscheka** *(uv.)* warten
**pótschetok** Beginn
**pótschnuwa** *(uv.)* anfangen; beginnen
**powékje** mehr
**póweshba** üben
**pówratok** Rückfahrt
**powréden, -a, -o, -i** verletzt
**pówtori** *(vo.)* wiederholen
**pówtorno** wieder
**powtóruwa** *(uv.)* wiederholen
**pr`w'rschuwa** *(uv.)* vollenden
**pr'ßt, -i** Finger
**prákja** *(uv.)* schicken, senden
**prácha** fragen
**práschanj/e, -a** *(Mz.)* Frage
**práschuwa** erfragen
**prás/en, -na, -no, -ni** leer
**prásni/k, -zi** Feier
**prásnuwa** *(uv.)* feiern
**prátenik** Botschafter
**praténischtwo** Botschaft (dipl.)
**práti** *(uv.)* schicken, senden
**prátk/a, -i** Paket
**praw** richtig
**práwd/a, -i** Recht
**práwez** Richtung
**práwi** *(vo.)* tun; machen
**práwo** geradeaus; Recht
**prechránbeni proíswodi** Lebensmittel
**pred** vorne
**pred da** bevor
**prédel, -i** Gegend; Landschaft
**prédlaga** *(uv.)* vorschlagen
**prédmet, -i** Sache; Ding
**predupredi** *(vo.)* warnen
**predupréduwa** *(uv.)* warnen
**préku** (hin-)durch
**prémalku** zuwenig
**prémnogu** zuviel
**prenáßok/a, -i** Umleitung
**prepórak/a, -i** Empfehlung
**preporátschuwa** *(uv.)* empfehlen
**preserwatíw, -i** Kondom
**présime** Familienname
**preßtánuwa** *(uv.)* aufhören
**préßtap, -i** Verbrechen
**préßtoj** Aufenthalt
**prétpladne** Vormittag
**prétschi** *(vo.)* stören
**prétßtawi** *(vo.)* sich vorstellen
**pretßtáwuwa** *(uv.)* sich vorstellen
**prewéduwa** *(uv.)* übersetzen (Sprache)
**prewéduwatsch, prewedúwatschka** Übersetzer; Dolmetscher
**préwr'ßk/a, -i** Binde
**pri** bei
**príchod, -i** Einnahme
**prídrushi** *(vo.)* begleiten
**pridrúshuwa** *(uv.)* begleiten
**prijatel, prijatelka, prijateli** Freund(in)
**prijátelßki** freundlich
**prijátelßtwo** Freundschaft
**príjat/en, -na, -no, -ni** gemütlich
**príjawen ótßek** Einwohnermeldeamt
**príkasn/a, -i** Geschichte (Erzählung)
**príma** *(uv.)* bekommen; empfangen
**prímer** Beispiel
**prínuda** Zwang
**príroda** Natur
**prîßtiga** ankommen
**prißtígnuwa** *(uv.)* ankommen
**prißtignúwanje** Ankunft
**prítscheka** *(uv.)* warten
**prítschini** *(vo.)* verursachen
**pritschínuwa** *(uv.)* verursachen
**príw'rschi** *(vo.)* vollenden

**príwaten, -na, -no, -ni** privat
**próba** *(uv.)* kosten; probieren
**próblem, -i** Problem
**pródawa** *(uv.)* verkaufen
**prodáwniz/a, -i** Geschäft (Laden)
**prodúzira** *(uv.)* herstellen
**proféßija** Beruf
**prógram/a, -i** Programm
**proiswéduwa** *(uv.)* herstellen
**prólet** *(w.)* Frühling
**próliw** Durchfall
**prólom, -i** Einbruch
**propéschatschi** *(vo.)* wandern
**próschetk/a, -i** Spaziergang
**prósorez, -i** Fenster
**proßt, -a, -o, -i** einfach
**próßtor, -i** Raum
**prótiw** gegen
**prótschita** *(vo.)* lesen
**prótschuen -a, -o, -i** berühmt
**prowéruwa** *(uv.)* kontrollieren
**ptíz/a, -i** Vogel
**púka** *(uv.)* schießen
**púr/a, -i** Zigarre
**púschk/a, -i** Gewehr

## R

**rábot/a, -i** Arbeit; Sache
**ráboti** arbeiten
**rábotnik, rabótnitschka, rabótnizi** Arbeiter(in)
**rabótnitschka óbleka** Arbeitsbekleidung
**rádio** Radiogerät
**rádoßen, -a, -o, -i** freudig
**rádoßt** *(w.)* Freude
**ráduwa** *(uv.)* sich freuen
**rágjanje** Geburt
**rákij/a, -i** Schnaps
**rakowóditel, -i** Leiter (Chef)
**rán/a, -i** Wunde
**rán/ez, -zi** Rucksack
**ráno** früh
**rásbira** *(uv.)* verstehen
**rásbudi** *(vo.)* wecken
**rasbúduwa** *(uv.)* wecken
**rasgléduwa** *(uv.)* besichtigen
**rasgówara** *(uv.)* reden
**rásgowor, -i** Gespräch; Unterhaltung
**rasménuwa** *(uv.)* umtauschen; wechseln
**ráßipan, -a, -o, -i** kaputt
**ráßkas, -i** Geschichte (Erzählung)
**raßkáshuwa** *(uv.)* erzählen
**ráßpußt** Ferien
**raßtenie** *(w.)* Pflanze
**région, –i** Gegend
**regíßtrira** *(uv.)* registrieren
**rék/a, -i** Fluss
**réschawa** *(uv.)* lösen
**reschénie** Entscheidung
**réschi** *(vo.)* lösen
**réserwen del, réserwni délowi** Ersatzteil
**resérwira** *(uv.)* reservieren
**resérwira** *(vo.)* bestellen
**reßtorán** Restaurant
**rétko** selten
**rétsche** *(vo.)* sagen
**retschéniz/a, -i** Satz
**rétschni/k, -zi** Wörterbuch
**ríb/a, -i** Fisch
**ródenden** Geburtstag
**rodíteli** Eltern
**ródni lißt** *(m.)* Geburtsschein
**rútschek** Mittagessen

## S

**sa** nach (Zeit; Richtung); für
**sa shal** leider
**sa tóa** daran
**sabélesha** *(vo.)* merken
**sabéleshi** *(vo.)* bemerken
**sabeléshuwa** *(uv.)* merken; bemerken
**sabolekar, -i** Zahnarzt
**sabórawa** *(uv.)* vergessen
**sabórawi** *(vo.)* vergessen
**sábranet** verboten (sein)
**sabráneto** verboten (sein)
**sad** hinten
**sad'rshuwa** *(uv.)* halten

**sadówol/en, -na, -no, -ni** zufrieden
**sadówolßtwo** Vergnügen
**sádutre** übermorgen
**sáedno** zusammen
**sáemno** einander
**sákon, -i** Gesetz
**sákonßki** gültig
**sálepi** *(vo.)* kleben
**salépuwa** *(uv.)* kleben
**sáljuben, -a, -i** verliebt
**sáloshnik, salóshnizi** Geisel
**saménuwa** *(uv.)* wechseln
**samínuwa** *(uv.)* wegfahren; abfahren
**sámißli** *(vo.)* sich vorstellen
**samíßluwa** *(uv.)* sich vorstellen
**sámok, sámozi** Schloss (Gebäude)
**saobíkolen pat** Umweg
**sápad** Westen
**sapásuwa** *(uv.)* erhalten
**sápee** *(vo.)* singen
**sápira** anhalten
**sáplaka** *(uv.)* weinen
**sápomni** *(vo.)* sich merken
**sapómnuwa** *(uv.)* sich merken
**sapósnawa ße** *(uv.)* sich bekanntmachen
**sapótschnuwa** *(uv.)* beginnen
**sápraschа** fragen
**sapráschuwa** *(uv.)* fragen
**saráboti** *(vo.)* verdienen
**sarabótuwa** *(uv.)* verdienen
**sarabotúwatschka** Arbeitslohn
**sáradi tóa** darum; deshalb
**sáras/a, -i** Infektion
**sáschiwa** *(uv.)* nähen
**sáschtedi** *(vo.)* sparen
**saschtéduwa** *(uv.)* sparen
**saßtánuwa** *(uv.)* anhalten
**sátoa** darum; deshalb
**sátwor** Gefängnis
**sáw'rschi** *(vo.)* aufhören; beenden; vollenden
**saw'rschuwa** *(uv.)* aufhören; beenden; vollenden
**sawídliwoßt** *(w.)*, **-i** Neid
**sáwißt** *(w.)*, **–i** Neid
**sbidnúwanje** *(s.)* Ereignis
**sbíra** *(uv.)* sammeln
**sbór, -owi** Wort
**sbóri** *(vo.)* sprechen; reden
**sbóruwa** *(uv.)* sprechen; reden
**schären, -a, -o, -i** bunt
**schátor** Zelt
**schef** Chef; Leiter
**schég/a , -i** Spaß
**schekjér** Zucker
**schéschir, -i** Hut
**schie** nähen
**schírok, -a, -o, -i** breit
**schísch/e, -a** Flasche
**schli** *(Mz.)* Kamm
**schófer, -i** Chauffeur
**schtédi** *(uv.)* sparen
**schto** was; dass
**schúm/a, -i** Wald
**schwájzar/ez, -ka, -zi** Schweizer(in)
**Schwajzárija** Schweiz
**sdélk/a, -i** Geschäft (Tätigkeit)
**sdódew/en, -na, -no, -ni** langweilig
**sdraw, -a, -o, -i** gesund
**sdráwje** Gesundheit
**sélentschuk** Gemüse
**séma** *(uv.)* nehmen
**séma pod náem** mieten
**sémj/a, -i** Erde
**semjodélie** Landwirtschaft
**sgrada** Bau
**sgrád/a, -i** Gebäude
**sh'rtw/a, -i** Opfer
**shal, shálna, shálno, shálni** traurig
**shálb/a, -i** Klage
**sháloß/en, -na, -no, -ni** traurig
**shéden ßum, shédna ßum** Durst (haben)
**shélb/a, -i** Wunsch
**shelésnitschka ßtániza** Bahnhof
**shelésniz/a, -i** Eisenbahn
**shéna mi** Ehefrau (meine Frau)

**shéna, -i** Frau
**shenßki** weiblich
**shénßtwen, -a, -o, -i** weiblich
**shéschtina** Hitze
**shésh/ok, -ka, -ko, -ki** heiß
**shétwa** Ernte
**shítel, -i** Einwohner
**shíwee** *(vo.)* wohnen
**shíwee** *(uv.)* leben
**shíwot** Leben
**shíwotn/o, -i** Tier
**shurnalíßt, -i** Journalist
**síma** Winter
**sláto** Gold
**slóßtorßw/o, -a** Verbrechen
**snáe** *(vo.)* können; wissen; kennen
**sol, sla, slo, sli** böse
**sóschto** warum
**srel, -a, -o, -i** reif

## ß

**ß'rdetsch/en, -na, -no, -ni** herzlich
**ßaát, ßáati** Stunde
**ßáka** *(uv.)* wollen; lieben
**ßam, -a, -o, -i** allein; selbst
**ßámo** nur
**ßápun, -i** Seife
**ßé** alles
**ße bóri** *(vo.)* kämpfen
**ße búdi** *(vo.)* aufwachen
**ße dogówara** *(uv.)* sich verabreden
**ße gótwi** *(vo.)* vorbereiten
**ße gríshi** sórgen
**ße ísmiwa** *(uv.)* sich waschen
**ße kára** *(uv.)* streiten
**ße kátschuwa** *(uv.)* einsteigen
**ße míe** *(vo.)* sich waschen
**ße nádewa** *(uv.)* hoffen
**ße naßménuwa** *(uv.)* lachen (über etw.)
**ße náßmewa** *(uv.)* lachen (über etw.)
**ße obíduwa** *(uv.)* versuchen
**ße ódmara** *(uv.)* sich erholen
**ße pásari** *(vo.)* feilschen
**ße poplákuwa** *(uv.)* sich beschweren
**ße póti** schwitzen
**ße potschínuwa** *(uv.)* sich erholen
**ße prétßtawi** *(vo.)* sich vorstellen
**ße pretßtáwuwa** *(uv.)* sich vorstellen
**ße próscheta** spazierengehen
**ße ráduwa** *(uv.)* sich freuen
**ße rasbúduwa** *(uv.)* aufwachen
**ße ráßprawa** *(uv.)* streiten
**ße réschawa** *(uv.)* entscheiden
**ße saljúbuwa** sich verlieben
**ße schéta** spazierengehen
**ße sháli** *(vo.)* sich beschweren
**ße ßékjawa** *(uv.)* sich erinnern
**ße ßmée** *(uv.)* lächeln
**ße ßméschka** *(uv.)* lächeln
**ße ßpréma** *(uv.)* vorbereiten
**ße ßwígja** *(uv.)* gefallen
**ße tschúwa** *(uv.)* warnen
**ße tschúwßtwuwa** *(uv.)* sich fühlen
**ße wósi** *(vo.)* fahren
**ßédi** sitzen
**ßédmiz/a, -i** Woche
**ßédnuwa** *(uv.)* sich setzen
**ßéga** jetzt
**ßékade** überall
**ßékogasch** immer; jedesmal
**ßékoj den** jeden Tag; täglich
**ßéko/j, -ja, -e** jede(s/n)
**ßekójdnewen** jeden Tag; täglich
**ßekójdnewn/a, -i** täglich
**ßékund/a, -i** Sekunde
**ßélan/ez, -ka, -zi** Bauer/Bäuerin
**ßél/o, -a** Dorf
**ßeméjßtw/o, -a** Familie
**ßéßtr/a, -i** Schwester

**ßéwer** Norden
**ßi pomínuwa** *(uv.)* verbringen
**ßi sámißli** *(vo.)* sich vorstellen
**ßi samíßluwa** *(uv.)* sich vorstellen
**ßi ßpómnuwa** *(uv.)* sich erinnern
**ßígur/en, -na, -no, -ni** sicher
**ßigurnoßt** *(w.)*, **-i** Sicherheit
**ßíl/en, -na, -no, lni** laut; stark
**ßín, -owi** Sohn
**ßirómaschen** arm
**ßít, -a, -o, -i** satt
**ßk'rschen, -a, -o, -i** kaputt
**ßkál/a, -i** Treppe
**ßkap, -a, -o, -i** teuer
**ßkóro** bald
**ßkríwa** *(uv.)* verstecken
**ßlá/dok, -tka, -tko, -tki** süß
**ßládoled, -i** Eis (Speise-)
**ßlédniot pat** nächstes Mal
**ßléguwa** *(uv.)* aussteigen
**ßlése** *(vo.)* aussteigen
**ßlíka** *(uv.)* malen
**ßlík/a, -i** Bild
**ßlíkar, -i** Maler
**ßlíkarßtw/o, -a** Malerei
**ßlóboda** Freiheit
**ßlóbod/en, -na, -no, -ni** frei
**ßlóbodno wréme** Freizeit
**ßlósh/en, -na, -no, -ni** kompliziert
**ßlúscha** *(uv.)* hören
**ßlúshbenik, ßlushbénitschka** Angestellte(r)
**ßm'rsnuwa** *(uv.)* frieren
**ßm'rt** *(w.)* Tod
**ßméta** *(uv.)* stören; rechnen
**ßmétk/a, -i** Rechnung
**ßo** mit
**ßo sadówolßtwo** gern
**ßo tóa** damit
**ßób/a, -i** Zimmer
**ßóbira** *(uv.)* sammeln
**ßoblékuwa (ße)** *(uv.)* ausziehen (sich)
**ßóbstwenik** Besitzer
**ßóglaß/en, -na, -no, -ni** einverstanden
**ßol** Salz
**ßónze** Sonne
**ßoopschténie** Bekanntmachung
**ßóopschti** *(vo.)* mitteilen
**ßoópschtuwa** *(uv.)* benachrichtigen
**ßóprug** Ehemann
**ßópruga** Ehefrau
**ßópßtwenoßt** *(w.)* Eigentum
**ßoschiwa** *(uv.)* nähen
**ßóßtojba** Zustand
**ßóweßt** *(w.)* Gewissen
**ßówet, -i** Rat
**ßowétuwa** *(uv.)* raten
**ßpáln/a ßób/a, -i** Schlafzimmer
**ßpétschali** *(vo.)* verdienen
**ßpetscháluwa** *(uv.)* verdienen
**ßpíe** *(vo.)* schlafen
**ßpókojßtwo** Ruhe
**ßpómen** Andenken
**ßpómenik** Denkmal
**ßport** Sport
**ßpórtißt, -i** Sportler
**ßpréma** nach (Zeit; Richtung); gegenüber
**ßpréma** *(uv.)* vorbereiten
**ßrébro** Silber
**ßrékja** Glück
**ßrékjawa** *(uv.)* treffen (begegnen)
**ßrékj/en, -na, -no, -ni** glücklich
**ßrétnuwa** *(uv.)* treffen (begegnen)
**ßtákl/o, -a** Glas (Material)
**ßtan, ßtánowi** Wohnung
**ßtániz/a, -i** Haltestelle
**ßtánuwa** *(uv.)* aufstehen; werden
**ßtar, -a, -o, -i** alt
**ßtároßt** *(w.)* Alte(r)
**ßtil, ßtílowi** Stil (Architektur)
**ßtói** stehen
**ßtók/a, -i** Ware
**ßtópanßtwo** Wirtschaft
**ßtrán/a, -i** Seite (Richtung)
**ßtránez** Ausländer

**ßtránßki** ausländisch
**ßtránßtwo** Ausland
**ßtráschi ße** *(uv.)* sich fürchten (vor)
**ßtraw** Angst
**ßtrína** Tante
**ßtud** *(m.)* Kälte
**ßtúden, -a, -o, -i** kalt
**ßtúdent, -ka, -i,** Student(in)
**ßúdbin/a, -i** Schicksal
**ßúm/a, -i** Summe
**ßúp/a, -i** Suppe
**ßuw, -a, -o, -i** trocken
**ßwádb/a, -i** Hochzeit
**ßwe** alles
**ßwesh, -a, -o, -i** frisch (Obst)
**ßwétlin/a, -i** Licht
**ßwétlo** Licht
**ßwét/ol, -la, -lo, -li** hell

## T

**t'rgówij/a, -i** Handel
**t'rpeliw, t'rpéliwa, t'rpéliwo, t'rpéliwi** geduldig
**t'rpenje** Geduld
**t'rtscha** *(uv.)* laufen, rennen
**táa, óna, néja, ja, néjse, í** sie (Ez.)
**táblet/a, -i** Tablette
**tá/en, -jna, -jno, -jni** geheim
**tájn/a, -i** Geheimnis
**táka** so
**takanáretschen -a, -o, -i** sogenannt
**ták/ow, -wa, -wo, -wi** solch(e, er, es)
**tákß/a, -i** Gebühr
**tákßi** *(s.)* Taxi
**támu** dorthin; dort; da
**tánzuwa** *(uv.)* tanzen
**tap, -a, -o, -i** dumm
**tátko** Vater
**táwan, -i** Dachboden
**téatar** Theater
**télefon** Telefon
**telefónira** *(uv.)* telefonieren
**telégrama** Telegramm
**teléwisor, -i** Fernsehgerät
**tél/o, -a** Körper
**tém/en, -na, -no, -ni** dunkel
**temperátur/a, -i** Fieber
**tén/ok, -ka, -ko, -ki** dünn
**tépa** *(uv.)* schlagen
**teschkótij/a, -i** Schwierigkeit
**téshin/a, -i** Gewicht
**tésh/ok, -ka, -ko, -ki** schwer
**téß/en, -na, -no, -ni** eng
**tétin** Onkel
**tétka** Tante
**ti** du
**tíe, óni, niw, gi, nim, im** sie *(Mz.)*
**tíw/ok, -ka, -ko, -ki** leise
**tóalet** Toilette
**toáletn/a chártij/a, -i** Toilettenpapier
**tógasch** dann
**toj** er
**tój, táa, tóa, tíe** diese(r,s)
**tólku** so
**tóp/ol, -la, -lo, -li** warm
**tótschen** richtig
**tótsch/en, -na, -no, -ni** pünktlich
**tótschno** genau
**tr'gnuwa** abfahren
**tradízij/a, -i** Tradition
**tráe** *(vo.)* dauern
**trámwaj, -i** Straßenbahn
**tréba** müssen; sollen
**tréw/a, -i** Gras
**trúdna** schwanger
**trudóljubiw, -a, -o, -i** fleißig
**tschádor, -i** Regenschirm
**tschánt/a, -i** Taschc
**tschásch/a, -i** (Trink-)Glas
**tschaß, tscháßowi** Stunde
**tscháßownik, tschaßównizi** Uhr
**tschau** tschüß
**tschéd/o, -a** *(Mz.)* Kind
**tschek, tschékowi** Scheck
**tschéka** *(uv.)* warten
**tschéschel** Kamm
**tschéßto** oft
**tschétka sa sábi** Zahnbürste
**tschéw/el, -li** Schuh
**tschíni** *(vo.)* tun; machen; kosten (Preis)
**tschínownik, tschinównitschka** Angestellte(r)
**tschißt** richtig
**tschißt, -a, -o, -i** sauber

**tschíßti** *(vo.)* sauber machen
**tschíta** *(uv.)* lesen
**tschítschko** Onkel
**tschokólad/a, -i** Schokolade
**tschórap, -i** Socke
**tschórb/a, -i** Suppe
**tschówek** Mensch
**tschóweschtwo** Menschheit
**tschowetschk/i, -a, -o, -i** menschlich
**tschówetschnoßt** *(w.)* Menschlichkeit
**tschúka** *(uv.)* schlagen
**tschúwßtw/o, -i** Gefühl
**tschúwßtwuwa** *(uv.)* fühlen
**tugj, túgja, túgjo, túgji** fremd
**túgjina** Ausland
**túgjin/ez, -ka, -zi** Ausländer
**túka** hier; da
**túshba, -i** Klage
**tútun** Tabak
**tw'rd, -a, -o, -i** fest; hart
**twoj, twója, twóe, twói** dein/e

## U

**úbaw, -a, -o, -i** schön
**úbie** *(vo.)* töten
**úbißtw/o, -a** Mord
**úbiwa** *(uv.)* töten
**údara** *(uv.)* schlagen
**údira** *(vo.)* schlagen
**úkrade** stehlen
**úliz/a, -i** Straße
**úm/en, -na, -no, -ni** klug
**umétnitschk/a galérij/a, -i** Kunsthalle
**úmetnoßt** *(w.)*, **-i** Kunst
**úmira** *(uv.)* sterben
**úmor/en, -na, -no, -ni** müde
**úmre** *(vo.)* sterben
**úmren, -a, -o, -i** tot
**únischti** *(vo.)* zerstören
**ünischtuwa** *(uv.)* zerstören
**uschte (neschto)** noch (etwas)
**úschte édnasch** noch einmal
**úßpech** Erfolg
**útschenik, utschénizi** Schüler(in)
**utschénitschk/a, -i** Schüler(in)
**útschi** *(uv.)* lernen
**utschílischte, -a** Schule
**útschitel, -i** Lehrer(in)
**utschítelk/a, -i** Lehrer(in)
**utschiw, -a, -o, -i** höflich
**úwos** Einfuhr
**uzénuwa** *(uv.)* erpressen
**uzenúwanje** Erpressung

## W

**w'rw, w'rwowi** Berg
**wáka** so
**wakzínira** *(uv.)* impfen
**wálkan -a, -o, -i** schmutzig
**wáluta** Valuta; Devisen
**wasch, wáscha, wáschi** euer/e
**wáshen, -a, -o, -i** wichtig
**wáshi** gültig
**wát/a, -i** Watte
**WC** Toilette
**wédnasch** sofort
**wékje** schon
**wóli** *(vo.)* sagen
**welóßiped, -i** Fahrrad
**wér/a, -i** Glaube
**werójatno** wahrscheinlich
**wéruwa** *(uv.)* glauben
**wéshba** *(uv.)* üben
**wéßel, -a, -o, -i** fröhlich; lustig
**wéßni/k, -zi** Zeitung
**wéßt** *(w.)*, **–i** Nachricht
**wéter** Wind
**wéti** *(vo.)* sich versprechen
**wétscher** *(w.)* Abend
**wétschera** Abendessen
**wétuwa** *(uv.)* sich versprechen
**wéze** Toilette
**wíde** *(vo.)* sehen
**Wíe, Waß, We, Wam, Wi** Sie
**wíka** *(uv.)* rufen, schreien
**wíluschk/a, -i** Gabel
**wín/a, -i** Schuld
**wínow/en, -na, -no, -ni** schuldig

**wíßok, -a, -o, -i** hoch
**wíßtina** wahr
**wíßtinkßki** richtig
**wíßtinßki** echt
**wkúß/en, -na, -no, -ni** schmackhaft
**wláshen, wlashna, wlashno, wlashni** feucht
**wléguwa** *(uv.)* eintreten
**wles** Eingang
**wlijánie** Wirkung
**wljúben, -a** verliebt
**wnuk** Enkel
**wnútschka** Enkelin
**wo ßékoj ßlútschaj** jedenfalls
**wo** in (örtlich & zeitlich)
**wód/a, -i** Wasser
**wójn/a, -i** Krieg
**wójni/k, -zi** Soldat
**wólku** so
**wos, wósowi** Zug
**wosárina** Fahrpreis
**wósatsch** Chauffeur
**wósduch** Luft
**wósi** *(vo.)* fahren
**wósil/o, -a** Fahrzeug
**wósmoshno** möglich
**wosn/a kárt/a, -i** Karte
**wósna tárifa** Fahrplan
**wósraßt** Alter (Lebens-)
**wr's** auf
**wr'ßka** Beziehung
**wrákjanje** Rückfahrt
**wrát/a, -i** Tür
**wréme** Wetter, Zeit
**wtschéra** gestern
**wújko** Onkel
**wújna** Tante

## Z

**z'rkw/a, -i** Kirche
**zárina** Zoll
**zel** *(w.)*, **-i** Ziel
**zel, -a, -o, -i** ganz
**zén/a, -i** Preis
**zéntar** Zentrum
**zígar/a, -i** Zigarette
**zízk/a, -i** Brust (Frau)
**zw'rßt, -a, -o, -i** fest
**zwékje** Blume

# Wörterliste Deutsch - Makedonisch

## A

**Abend** wétscher *(w.)*
**Abendessen** wétschera
**aber** a; áma; no
**abfahren** póagja; samínuwa *(uv.)*; tr'gnuwa
**abfliegen** polétuwa *(uv.)*
**abreisen** otpátuwa *(uv.)*
**Ach Gott!** o, bóshe!; o, góßpode!
**Adresse** ádreßa
**Alkohol** álkochol
**allein; selbst** ßam, -a, -o, -i
**alles** ßé; ßwe
**als** od *(Vergleich)*; kóga *(zeitl.)*
**wann** kóga
**alt** ßtar, -a, -o, -i
**Alte(r)** ßtároßt *(w.)*
**Alter (Lebens-)** wósraßt
**Andenken** ßpómen
**anfangen** pótschnuwa *(uv.)*
**Angestellte(r)** ßlúshbenik, ßlushbénitschka; tschínownik, tschinównitschka
**Angst** ßtraw
**anhalten** sápira; saßtánuwa *(uv.)*
**ankommen** príßtiga; prißtígnuwa *(uv.)*; dóagja *(uv.)*
**Ankunft** dóagjanje; prißtignúwanje
**Antwort** ódgowor
**antworten** otgówori *(vo.)*
**Apotheke** áptek/a, -i
**Arbeit** rábot/a, -i
**arbeiten** ráboti
**Arbeiter(in)** rábotnik, rabótnitschka, rabótnizi
**Arbeitsbekleidung** rabótnitschka óbleka
**Arbeitslohn** pláta; sarabotúwatschka
**arbeitslos** newráboten; besráboten, -a, -i
**arm** béden, bedna, bedni; ßirómaschen
**Arzt** doktor; lékar
**auch** íßto
**auf** góre; na; wr's
**Aufenthalt** préßtoj
**aufhören** sáw'rschi *(vo.)*; preßtánuwa *(uv.)*; saw'rschuwa *(uv.)*
**aufstehen** ßtánuwa *(uv.)*
**aufwachen** ße búdi *(vo.)*; ße rasbúduwa *(uv.)*
**aus** od
**Ausfuhr** ékßport; íswos
**Ausgang** ísles
**ausgezeichnet** ódlitschno
**Auskunft** informázija, informazii
**Ausland** ßtránßtwo; túgjina
**Ausländer** ßtránez; túgjin/ez, -ka, -zi
**ausländisch** ßtránßki
**Ausnahme** íßklutschok
**Ausreise** otgówara; otidúwanje
**Aussprache** isgowáranje
**aussprechen** isgówori *(vo.)*; isgówara *(uv.)*
**aussteigen** ßlése *(vo.)*; isléguwa *(uv.)*; ßléguwa *(uv.)*
**Ausstellung** ísloshba
**Ausweis** lítschna kárta; páßosch
**ausziehen (sich)** ßoblékuwa (ße) *(uv.)*
**Auto** awtómobil
**Autowerkstatt** awtóßerwiß

## B

**baden** bánja; kápe; ísbanja *(vo.)*
**Badezimmer** kupátilo
**Bahnhof** shelésnitschka ßtániza
**Bahnsteig** péron
**bald** ßkóro
**Bank** bánka
**Bargeld** gótowi pári
**Barzahlung** plákanje wo gótowo
**Batterie** batérija
**Bau** grádba; ísgradba; sgrada
**Bauer/Bäuerin** ßélan/ez, -ka, -zi
**Baum** d'rwo
**beeilen, sich** b'rs, -a, -o, -i *(uv.)*
**beenden** dów'rschi *(vo.)*; dow'rschuwa *(uv.)*; sáw'rschi *(vo.)*; saw'rschuwa *(uv.)*
**Beginn** pótschetok
**beginnen** pótschnuwa

*(uv.);* sapótschnuwa *(uv.)*
**begleiten** prídrushi *(vo.);* pridrúshuwa *(uv.)*
**begrüßen** posdráwuwa *(uv.)*
**behandeln (Krankheit)** lékuwa *(uv.);* létschi *(vo.)*
**Behörde** d'rshawna inßtitúzija
**bei** kaj; pri
**Beispiel** prímer
**bekannt** pósnat, -a, -o, -i
**Bekannte(r)** pósnajnik, posnájniza, posnájnizi
**bekanntmachen, sich** sapósnawa ße *(uv.)*
**Bekanntmachung** ßoopschténie
**bekommen** dóbiwa *(uv.);* príma *(uv.)*
**bemerken** sabeléshuwa *(uv.)*
**beladen** natówara *(uv.);* natówari *(vo.)*
**beleidigen** nawreduwa *(uv.)*
**Beleidigung** náwreda
**belohnen** nágradi *(vo.);* nagráduwa *(uv.)*
**bemerken** sabéleshi *(vo.)*
**benachrichtigen** infórmira *(uv.);* ßoópschtuwa *(uv.)*
**Benzin** bénsin
**Berg** w'rw, -owi
**Beruf** proféßija
**berühmt** prótschuen -a, -o, -i
**beschweren, sich** ße poplákuwa *(uv.);* ße shali *(vo.)*
**besichtigen** rasgléduwa *(uv.)*
**Besitzer** ßóbstwenik
**besser** pódob/ar, -ra, -ro, -ri
**bestellen** póratscha *(vo.);* porátschuwa *(uv.);* resérwira *(vo.)*
**Bestellung** póratschka
**bestrafen** kásni *(vo.);* kásnuwa *(uv.)*
**bestraft** kásnet, -a, -o, -i
**Besuch** póßeta
**besuchen** póßeti *(vo.);* poßétuwa *(uv.)*
**Besucher** poßétitel, poßetítelka, poßétiteli
**Betrug** ísmama
**betrügen** mámi *(vo.);* ismámuwa *(uv.)*
**Betrüger** ísmamnik
**betrunken** píjan, -a, -o, -i
**Bett** kréwet
**Bettzeug** poßtélina
**bevor** dódeka; pred da
**Beweis** argúment; dókas; fakt
**bezahlen** plákja *(uv.);* pláti *(vo.)*
**Beziehung** ódnoß; pógled, -i; wr'ßka
**Bier** píwo
**Bild** ßlík/a, -i
**billig** ewtin, -o, -a, -i
**Binde** préwr'ßk/a, -i
**bis** do
**bisschen** málku
**Bitte** mólb/a, -i
**bitten** móli *(vo.)*
**Blatt** lißt, líßja *(Mz.)*
**bleiben** oßtánuwa *(uv.)*
**Bleistift** móliw,- i
**Blume** zwékje
**Blumenstrauß** búket zwékje
**böse** losch -a, -o, -i; sol, sla, slo, sli
**Botschaft (dipl.)** ambáßada; praténischtwo
**Botschafter** ambáßador; prátenik
**Brand** póshar, -i
**Brandstiftung** potpalúwanje
**Brandwache** pósharna kómanda
**Brauch** óbitschaj, obítschai
**breit** schírok -a, -o, -i
**brennen** góri
**Brief** píßm/o, -a *(Mz.)*
**Briefmarke** póschtenßk/a márk/a, -i
**Briefumschlag** plik, plíkowe *(Mz.)*
**Brille** ótschila
**bringen** donéßuwa *(uv.);* nóßi *(vo.)*
**Brot** leb, léba *(Mz.)*
**Brücke** moßt
**Bruder** brat, brákja *(Mz.)*
**Brust (Frau)** zízk/a, -i
**Brust(korb)** grádi
**Buch** kníg/a, -i
**Buchstabe** búkw/a, -i
**bunt** schären, -a, -o, -i

**Burg** krépoßt *(w.)*, -i
**Bürger** gragjanin
**Büro** agénzija; bíro; ófiß
**Bus** áwtobuß, awtóbußi

## C

**Chauffeur**
schófer, -i; wósatsch
**Chef** schef

## D

**da** ówde; támu; túka
**Dach** pókriw, -i
**Dachboden** táwan, -i
**damit** ßo tóa
**danach** pótoa
**Dank** blagódarnoßt *(w.)*
**danken** blagódari *(vo.)*
**dann** tógasch
**daran** sa tóa
**darauf** na tóa
**daraus** od tóa; ottam
**darum** sáradi tóa; sátoa
**dass** déka; schto
**Datum** dátum
**dauern** tráe *(vo.)*
**Decke (Bett)**
jorgan; kjebe
**dein/e**
twoj, twója, twóe, twói
**denken** míßli
**Denkmal** ßpómenik
**deshalb** sátoa;
sáradi tóa; póradi tóa
**deutsch** gérmanßki
**Deutsche(r)**
gérman/ez, -ka, -zi
**Deutschland** Germanija
**Devisen** wáluta
**Dialekt**
díjalekt; narétschije
**dick** débel, -a, -o, -i
**Diebstahl** kráshb/a, -i
**diese(r,s)**
tój, táa, tóa *(s.)*, tíe (Mz)
**Ding** prédmet, -i
**Diskothek** dißkotek/a, -i
**Dokument(e)**
dókument, -i
**Dolmetscher** prewédu-
watsch, prewedúwatsch-
ka
**Dorf** ßél/o, -a
**dort** ónde; ónamu; támu
**dorthin** ónamu; támu
**dringend**
ít/en, -na, -no, -ni
**du** ti
**dumm** glup, -a, -o, -i;
tap, -a, -o, -i
**dunkel**
tém/en, -na, -no, -ni
**dünn**
ténok, -ka, -ko, -ki
**durch** nís; po; préku
**Durchfall** próliw
**Durst (haben)**
shéden ßum,
shédna ßum

## E

**echt**
awténtitschen; wíßtinßki
**Ehefrau** ßópruga
**Ehemann** ßóprug
**Ehepaar** brátschen par,
brátschna dwójka
**Ei** jájz/e, -a *(Mz.)*
**Eigentum**
ßópßtwenoßt *(w.)*
**einander**
éden ßo drug; sáemno
**Einbruch** prólom, -i
**einfach** proßt, -a, -o, -i
**Einfuhr** impórt; úwos
**Eingang** wles
**einige** nékoi; nékolku
**einladen** pokánuwa *(uv.)*
**Einladung** pókan/a, -i
**einmal**
édnash; nékogasch
**Einnahme**
dóchod, -i; príchod, -i
**einsteigen**
ße kátschuwa *(uv.)*
**eintreten** wléguwa *(uv.)*
**einverstanden**
ßóglaß/en, -na, -no, -ni
**Einwohner** shítel, -i
**Einwohnermeldeamt** prí-
jawen ótßek
**Eis** *(Speise-)* ßládoled, -i
**Eisenbahn**
shelésniz/a, -i
**Eiter** gnoj
**Eltern** rodíteli
**empfangen** príma *(uv.)*
**empfehlen** preporát-
schuwa *(uv.)*
**Empfehlung**
prepórak/a, -i
**Ende** kraj
**eng** téß/en, -na, -no, -ni
**englisch** ánglißki
**Enkel** wnuk
**Enkelin** wnútschka
**entscheiden**
ße réschawa *(uv.)*

**Entscheidung** reschénie
**entschuldigen, sich** iswínuwa (ße) *(uv.)*
**Entschuldigung** iswinénie; iswinúwanje
**er** toj
**Erde** sémj/a, -i
**Ereignis** náßtan; sbidnúwanje
**Erfolg** úßpech
**erfragen** práschuwa
**erhalten** sapásuwa *(uv.)*
**erholen, sich** ße ódmara *(uv.)*; ße potschínuwa *(uv.)*
**erinnern, sich** pómni *(vo.)*; ße ßékjawa *(uv.)*; ßi ßpómnuwa *(uv.)*
**erkältet sein** naßtínuwa *(uv.)*
**erklären** óbjaßni *(vo.)*; objaßnuwa *(uv.)*
**Erklärung** objaßnénie
**erlauben** dóswoli *(vo.)*; doswóluwa *(uv.)*
**Erlaubnis** dóswola
**Ernte** bérba; shétwa
**erpressen** isnúduwa *(uv.)*; uzénuwa *(uv.)*
**Erpressung** snudúwanje; uzenúwanje
**Ersatzteil** réserwen del, réserwni délowi
**erzählen** raßkáshuwa *(uv.)*
**essen** jáde *(vo.)*
**etwa** ókolu
**etwas** néschto
**euer/e** wasch, wáscha, wáschi

**Fabrik** fábrik/a, -i
**Faden** kón/ez, -zi
**fahren** pátuwa *(uv.)*; ße wósi *(vo.)*; wósi *(vo.)*
**Fahrkarte** bilét, -i; kárt/a, -i
**Fahrplan** wósna tárifa
**Fahrpreis** wosárina
**Fahrrad** welóßiped, -i
**Fahrzeug** wósil/o, -a
**falsch** pógresch/en, -na, -no, -ni
**Familie** ßeméjßtw/o, -a
**Familienname** présime
**Farbe** bój/a, -i
**Farbfilm** film wo bója
**faul** gnil, -a, -o, -i *(Obst)*; m'rsliw, -a, -o, -i *(träge)*
**Fehler** gréschk/a, -i
**Feier** prásni/k, -zi
**feiern** prásnuwa *(uv.)*
**feilschen** ße pásari *(vo.)*
**Feld** póle
**Fenster** prósorez, -i
**Ferien** ódmor; ráßpußt
**fern** dáletsch/en, -na, -no, -ni
**Fernsehgerät** teléwisor, -i
**fertig** gótow, -a, -o, -i;
**fest** tw'rd, -a, -o, -i; zw'rßt, -a, -o, -i
**feucht** wlásh/en, -na, -no, -ni
**Feuer** ógan
**Fieber** temperátur/a, -i
**Film** film
**finden** nájduwa *(uv.)*; náogja
**Finger** pr'ßt, -i
**Fisch** ríb/a, -i
**Flasche** schísch/e, -a
**Fleisch** méß/o, -a
**fleißig** trudóljubiw, -a, -o, -i
**fliegen** léta *(uv.)*
**flirten** flértuwa *(uv.)*
**Flughafen** aeródrom
**Flugticket** awiónßk/a kárt/a, -i
**Flugzeug** áwion
**Fluss** rék/a, -i
**Formular** formulár, -i; óbrasez
**Fotoapparat** fotoaparat
**Fotografie** fotográfij/a, -i
**fotografieren** fotográfira *(uv.)*
**Frage** práschanj/e, -a
**fragen** prascha; sápraschа; sapráschuwa *(uv.)*
**Frau** shén/a, -i
**Fräulein** goßpógjiz/a, -i
**frei** ßlóbod/en, -na, -no, -ni
**Freiheit** ßlóboda
**Freizeit** ßlóbodno wréme
**fremd** tugj, túgja, túgjo, túgji
**Freude** rádoßt *(w.)*
**freuen, sich** ße ráduwa *(uv.)*
**freudig** rádoßen, -a, -o, -i

# Wörterliste Deutsch - Makedonisch

**Freund(in)** príjatel, prijátelka, prijáteli
**freundlich** prijátelßki
**Freundschaft** prijátelßtwo
**Frieden** mir
**Friedhof** gróbischta *(Mz.)*
**frieren** ßm'rsnuwa *(uv.)*
**frisch (Obst)** ßwesh, -a, -o, -i
**fröhlich** wéßel, -a, -o, -i
**Frucht** plod
**früh** ráno
**früher** pórano
**Frühling** prólet *(w.)*
**Frühstück** pójadok
**frühstücken** pojáduwa *(uv.)*
**fühlen** tschúwßtwuwa *(uv.)*
**für** sa
**fürchten, sich (vor)** ßtráschi ße *(uv.)*
**Fuß** nóg/a, -i

## G

**Gabel** wíluschk/a, -i
**ganz** zel, -a, -o, -i
**Garten** grádin/a, -i
**Gas** gaß
**Gast** góßt, -enka, -i
**Gastfreundschaft** goßtóprimßtwo
**Gastgeber** dómakjin, -ka, -i
**Gebäude** sgrád/a, -i
**geben** dáwa *(uv.)*
**Gebirge** plánin/a, -i
**Gebühr** dáshbin/a, -i; tákß/a, -i
**Geburt** rágjanje
**Geburtsschein** íswod od matítschnata kníga na rodénite; ródni lißt *(m.)*
**Geburtstag** ródenden
**Geduld** t'rpenje
**geduldig** t'rpeliw, t'rpéliwa, t'rpéliwo, t'rpéliwi
**Gefahr** ópaßnoßt *(w.)*, -i
**gefährlich** ópaß/en, -na, -no, -ni
**gefallen** ße ßwígja *(uv.)*
**Gefängnis** sátwor
**Gefühl** emózij/a, -i; tschúwßtw/o, -i
**gegen** prótiw
**Gegend** oblaßt *(w.)*, –i; okólina, -i; prédel, -i; région, –i
**gegenüber** náßproti; ßpréma
**Gehalt** pláta
**geheim** díßkret/en, -na, -no, -ni; tá/en, -jna, -jno, -jni
**Geheimnis** tájna, -i
**gehen** ódi *(vo.)*
**Geisel** sáloshni/k, -zi
**Geld** pári
**Gemüse** sélentschuk
**gemütlich** príjat/en, -na, -no, -ni
**genau** basch; tótschno; dóßta
**genug** dówolno
**Gepäck** bagásh, -i; pljátschki
**geradeaus** práwo
**gern** ßo sadówolßtwo
**Geschäft** *(Laden)*: prodáwniz/a, -i; dúkjan, -i ; *(Tätigkeit)*: bísniß ; sdélk/a, -i
**Geschäftsmann** bísnißmen
**Geschenk** dar, dárowi; pódarok, podározi
**Geschichte** *(Erzählung)*: príkasn/a, -i; ráßkas, -i; *(Historie)*: ißtórija
**Geschwister** brákja i ßéßtri
**Gesellschaft** ópschteßtw/o, -a
**Gesetz** sákon, -i
**Gespräch** rásgowor, -i
**gestern** wtschéra
**gesund** sdraw, -a, -o, -i
**Gesundheit** sdráwje
**Getränk** píjalok, pijálozi
**Gewehr** púschk/a, -i
**Gewicht** téshin/a, -i
**Gewinn** pétschalb/a, -i
**Gewissen** ßóweßt *(w.)*
**Gewitter** búr/a, -i
**gewöhnen, sich (an)** nawíknuwa *(uv.)*
**Gewohnheit** náwik(a) *(m.)*; óbitschaj
**Gift** ótrow, -i

**Giftpilze**
ótrowna pétschurka
**Giftschlange**
ótrown/a smíj/a, -i
**Glas**
ßtákl/o, -a *(Material)*;
tschásch/a, -i *(Trink-)*
**Glaube** wér/a, -i
**glauben** wéruwa *(uv.)*
**Glück** ßrékja
**glücklich**
ßrékj/en, -na, -no, -ni
**Gold** sláto
**Gott** bog; góßpod
**Grab** grob, gróbowi
**Gramm** gram, -a
**Grammatik** gramátik/a,-i
**Gras** trew/a, -i
**Grenze** gràniz/a, -i
**Grippe** grip
**groß** gólem, -a, -o, -i
**Größe**
golémina *(Kleidung)*
**Großmutter** bába
**Großvater** dédo
**Gruppe** grúp/a, -i
**grüßen** pósdrawi *(vo.)*;
posdráwuwa *(uv.)*
**gültig** polnówashen; sákonßki; wáshi
**gut** dób/ar, -ra, -ro, -ri

## H

**haben** íma *(uv.)*
**Hälfte** pólowin/a, -i
**halten** d'rshi *(vo.)*; sad'rshuwa *(uv.)*
**Haltestelle** ßtániz/a, -i
**Handel** t'rgówij/a, -i
**hart** tw'rd, -a, -o, -i
**Hass** ómrasa
**hassen** mrási *(vo.)*
**Haus** kúkj/a, -i
**Hausfrau** domákjinka
**heben** díga *(uv.)*
**heiß**
shésh/ok, -ka, -ko, -ki
**helfen** pómaga; pomognuwa *(uv.)*
**hell** ßwét/ol, -la, -lo, -li
**Herbst** éßen
**Herr** góßodin
**herstellen** prodúzira
*(uv.)*; proiswéduwa *(uv.)*
**herzlich**
ß'rdetsch/en, -na, -no, -ni
**heute** déneß(ka)
**hier** ówde; túka
**Hilfe** pómosch *(w.)*
**hindurch** nís; po; préku
**hinten**
nákraj; pósadi; sad
**hinterher** pótoa; nádolu
**hinunter** dólu
**Hitze**
goréschtina; shéschtina
**hoch** wíßok, -a, -o, -i
**Hochzeit** ßwádb/a, -i
**hoffen** ße nádewa *(uv.)*
**Hoffnung** nádesh *(w.)*
**höflich**
ljúbes/en, -na, -no, -ni; utschiw, -a, -o, -i
**Holz** d'rwo
**hören** ßlúscha *(uv.)*
**Hose** pantalóni
**hungrig (sein)**
glád/en, -na, -no, -ni
**Hut** schéschir, -i
**Hütte** kólib/a, -i
**Hygiene** chigíena

## I

**immer** ßékogasch
**impfen** wakzínira *(uv.)*
**in** wo *(örtlich, zeitlich)*;
na *(örtlich, zeitlich)*;
sa *(zeitlich)*
**Industrie** indúßtrija
**Infektion**
inféktzij/a, -i; sáras/a, -i
**Information**
informázij/a, -i
**Insekt** inßékt, -i
**Insel** óßtrow, -i
**interessant**
intéreß/en, -na, -no, -ni
**interessieren, sich (für)**
interéßira *(uv.)*
**international** internationálen; megjunárod/en, -na, -no, -ni

## J

**ja** da
**Jahr** gódin/a, -i
**Jahreszeit**
gódischno wréme, gódischni wrémenja *(Mz.)*
**jährlich**
gódisch/en, -na, -no, -ni
**jeden Tag**
ßékoj den; ßekójdnewen
**jedenfalls**
wo ßékoj ßlútschaj
**jedesmal** ßékogasch
**jede** ßékoj, -a, -e
**jemand** néko/j, -ja, -e, -i

**jene** ónoj, ónaa, óna
**jetzt** ßéga
**Journalist** nówinar; shurnalíßt, -i
**jung** mlad, -a, -o, -i
**Junge** mómtsche

## K

**kalt** ßtúden, -a, -o, -i
**Kälte** ßtud
**Kamm** tochóschel;
grében; schli *(Mz.)*
**Kampf** bórb/a, -i
**kämpfen** ße bóri *(vo.)*
**kaputt** ráßipan, -a, -o, -i;
ßk'rschen, -a, -o, -i
**Karte** wosn/a kárt/a, -i
**Kasse** káß/a, -i
**kaufen**
kúpi *(vo.)*; kúpuwa *(uv.)*;
pásari *(vo.)*;
pasáruwa *(uv.)*
**keiner** níko/j, -ja, -e, -i
**Keller** pódrum, -i
**kennen**
pósnawa *(uv.)*; snáe *(vo.)*
**Kind** déte, déza *(Mz.)*;
tschéd/o, -a
**Kino** kín/o, -a *(Mz.)*
**Kirche** z'rkw/a, -i
**Klage**
shálb/a, -i; túshb/a, -i
**kleben** lépi *(vo.)*; sálepi
*(vo.)*; salépuwa *(uv.)*
**Kleid** fúßtan, -i
**Kleidung** óbleka
**klein** mal, -a, -o, -i
**Klinik** klínik/a, -i
**klug**
pámet/en, -na, -no, -ni;
úm/en, -na, -no, -ni
**Kneipe** kr'tschm/a, -i
**Kneipe** méan/a, -i
**kochen** gótwi
**Koffer** kúfer, -i
**kommen** dóagja *(uv.)*;
dójde *(vo.)*; dóagja *(uv.)*
**kompliziert**
ßlósh/en, -na, -no, -ni
**Kondom**
kúrton, -i; preserwatíw, -i
**können**
móshe *(vo.)*; snáe *(vo.)*
**Konsulat** kónsulat
**kontrollieren** kontrólira
*(uv.)*; prowéruwa *(uv.)*
**Konzert** konzért, -i
**Kopf** gláw/a, -i
**Körper** tél/o, -a
**kosten** *(Preis)* kóschta;
tschíni *(vo.)*; *(probieren)*
próba *(uv.)*
**kostenlos**
béßplat/en, -na, -no, -ni
**krank**
ból/en, -na, -no, -ni
**Krankenhaus** bólniz/a, -i
**Krankheit** bóleßt *(w.)*, -i
**Krieg** wójn/a, -i
**Kritik** krítik/a, -i
**Kuchen** kólatsch, -i
**kühl** lád/en, -na, -no, -ni
**Kühlschrank** fríshider, -i
**Kultur** kúltur/a, -i
**Kunst** úmetnoßt *(w.)*, -i
**Kunsthalle** umétnitschk/a galérij/a, -i
**Kurve** kríwin/a, -i
**kurz** krát/ok, -ka, -ko, -ki;
kuß, -a, -o, -i

## L

**lächeln** ße ßmée *(uv.)*;
ße ßméschka *(uv.)*; ße
naßménuwa *(uv.)* *(über
etw.)*; ße náßmewa *(uv.)*
*(über etw.)*
**Lampe** lámp/a, -i
**Land** kópn/o, -a
**Landkarte**
geógrafßk/a kárt/a, -i
**Landschaft**
kraj, krájowi; prédel, -i
**Landwirtschaft** semjodélie
**lang**
dolg, -a, -o, -i *(weit)*;
ódamna *(Zeit)*
**langsam** póleka;
báw/en, -na, -no, -ni
**langweilig**
sdódew/en, -na, -no, -ni
**laufen** t'rtscha *(uv.)*
**laut** gláß/en, -na, -no, -ni;
ßíl/en, -na, -no, -ni
**leben** shíwee *(uv.)*
**Leben** shíwot
**Lebensmittel** prechránbeni proíswodi
**ledig**
néshenet, nemáshena
**leer** prás/en, -na, -no, -ni
**Lehrer(in)** útschitel, -i; utschítelk/a, -i
**leicht** *(nicht schwer)*
léß/en, -na, -no, -ni
**leider** sa shal

**leihen, sich (von)** pósajmi *(vo.)*; posájmuwa *(uv.)*
**leise** tíw/ok, -ka, -ko, -ki
**Leiter** *(Chef)* rakowóditel, -i; schef
**lernen** náutschi *(vo.)*; útschi *(uv.)* naútschuwa *(uv.)*;
**lesen** prótschita *(vo.)*; tschíta *(uv.)*
**Leute** lugje *(Mz.)*
**Licht** ßwétlin/a, -i; ßwétlo
**lieben** ljúbi *(vo.)*; ßáka *(uv.)*,
**Lied** péßn/a, -i
**liegen** léshi *(uv.)*
**links** lew, -a, -o, -i
**Loch** dúpk/a, -i
**Löffel** láshiz/a, -i
**Lohn** pláta
**lösen** réschawa *(uv.)*; réschi *(vo.)*
**Luft** wósduch
**Lüge** lága, láshi
**lügen** íslashe *(vo.)*; ismámuwa *(vo.)*; láshe *(uv.)*; mámi *(uv.)*
**lustig** wéßel, -a, -o, -i

## M

**machen** náprawi *(vo.)*; práwi *(vo.)*; tschíni *(vo.)*
**Mädchen** déwojk/a, -i; déwojtsche, dewójtschinja *(Mz.)*; mómitsche, momítschinja *(Mz.)*
**malen** bói *(uv.)*; náßlika *(vo.)*; óboi *(vo.)*; ßlíka *(uv.)*
**Maler** ßlíkar, -i
**Malerei** ßlíkarßtw/o, -a
**man** néko/j, -ja, -e, -i
**mancher** néko/j, -ja, -e, -i
**manchmal** nékogasch; ponékogasch
**Mangel** nédoßtig; nedóßtato/k, -zi
**Mann** mash, -i
**männlich** máschk/i, -a, -o, -i
**Markt** pásar, -i
**Mauer** dsídar, -i
**Mauer** dsid
**Meer** móre
**Mehl** bráschno
**mehr** powekje
**mein** mo/j, -ja, -e, -i
**Menge** kolítschin/a, -i; kolítscheßtw/o, -a
**Mensch** lúgje *(Mz.)*; tschówek
**Menschheit** tschóweschtwo
**menschlich** tschowetschk/i, -a, -o, -i
**Menschlichkeit** tschówetschnoßt *(w.)*
**merken** sabélesha *(vo.)*; sabeléshuwa *(uv.)*
**merken, sich** sápomni *(vo.)*; sapómnuwa *(uv.)*
**Messer** nosh, -ewi
**Miete** kírij/a, -i; náem, -i
**mieten** naémuwa *(uv.)*; séma pod náem
**Minute** mínut/a, -i
**mit** ßo
**Mittag** pládne
**Mittagessen** rútschek
**mitteilen** ßóopschti *(vo.)*; ßoópschtuwa *(uv.)*
**Möbel** mebel, -i
**Mode** mód/a, -i
**möglich** móshno; wósmoshno
**Möglichkeit** móshnoßt *(w.)*, -i
**Mord** úbißtw/o, -a
**Motorrad** mótor; mótorzikl, -i
**Mücke** kómar/ez, -zi
**müde** úmor/en, -na, -no, -ni
**Müll** gjúbre
**Museum** músej, -i
**Musik** músik/a, -i
**müssen** mora; tréba

## N

**nach (Zeit; Richtung)** póßle; sa; ßpréma; po
**nachher** pódozna; póßle; pótoa
**Nachmittag** pópladne
**Nachricht** nówoßt *(w.)*, -i; wéßt *(w.)*, –i
**nächstes Mal** ídniot pat; ßlédniot pat
**Nacht** nokj, -i
**nackt** gol, -a, -o, -i
**Nadel** ígl/a, -i
**nah** blíßku; blísu
**nähen** sáschiwa *(uv.)*; schie; ßoschiwa *(uv.)*
**Nahrung** chrán/a, -i
**Name** íme
**nass** mók/ar, -ra, -ro, -ri

**Nationalität** naziónal-noßt *(w.)*, -i
**Natur** príroda
**nehmen** séma *(uv.)*
**Neid** sawídliwoßt *(w.)*, -i; sáwißt *(w.)*, –i
**nein** ne
**neu** now, -a, -o, -i
**neugierig** ljubópit/en, -na, -no, -ni
**nicht** ne
**nichts** níschto
**nie** níkogasch
**niemand** níko/j, -ja, -e, -i
**niedrig** nís/ok, -ka, -ko, -ki
**noch (etwas)** uschte (neschto)
**noch einmal** úschte édnasch
**Norden** ßéwer
**normal** nórmal/en, -na, -no, -ni
**notwendig** neópchod/en, -na, -no, -ni; núsh/en, -na, -no, -ni
**nur** édnißtweno; ßámo

**oben** góre
**Obst** ówoschje
**Ofen** pétschk/a, -i
**öffnen** ótwora *(uv.)*; ótwori *(vo.)*
**oft** tschéßto
**ohne** bes
**Öl** máßlo
**Onkel** tétin; tschítschko; wújko
**Operation** operázij/a, -i
**Opfer** sh'rtw/a, -i
**organisieren** organísira *(uv.)*
**Ort** méßto
**Osten** íßtok
**Österreich** Awßtrija
**Österreicher(in)** awßtri-jan/ez, -ka, -zi

**Paar** par
**paar** nékolku
**Paket** paket, -i; prátk/a, -i
**Papier** chártij/a, -i
**Park** park
**parken** párkira *(uv.)*
**Pass** páßosch, -i
**Patient** pazient, pazíentk/a, -i
**Pause** páusa, -i
**Person** líze
**Pflanze** raßtenie *(w.)*
**Plan** plan, plánowi
**Platz** méßto
**Platzkarte** bílet sa reser-wírano méßto
**plötzlich** ódednasch; odnénadesh
**Politik** polítik/a, -i
**Polizei** polízija
**Post(amt)** póschta
**Preis** zén/a, -i
**privat** príwat/en, -na, -no, -ni
**Problem** próblem, -i
**Programm** prógram/a, -i
**pünktlich** tótsch/en, -na, -no, -ni

**Qualität** kwálitet

**Rache** ódmasd/a, -i
**Radiogerät** rádio
**Rat** ßówet, -i
**raten** poßówetuwa *(uv.)*; ßowetuwa *(uv.)*
**Raum** próßtor, -i
**rechnen** ßméta *(uv.)*
**Rechnung** ßmétk/a, -i
**Recht** práwo; práwd/a, -i
**rechts** déßno
**reden** rasgówara *(uv.)*; gówori *(vo.)*; sbóri *(vo.)*; sbóruwa *(uv.)*
**Regen** dóshd
**Regenschirm** tschádor, -i
**registrieren** regíßtrira *(uv.)*
**reich** bógat
**reif** srel, -a, -o, -i
**Reifen** gúm/a, -i
**Reise** patúwanje; pat
**reisen** pátuwa *(uv.)*
**rennen** t'rtscha *(uv.)*
**reparieren** póprawa *(uv.)*
**reservieren** resérwira *(uv.)*
**Restaurant** reßtorán
**richtig** praw; tótschen; tschißt; wíßtinkßki
**Richtung** náßok/a, -i; práwez

**Rückfahrt** pówratok; wrákjanje
**Rucksack** rán/ez, -zi
**rufen** wíka *(uv.)*
**Ruhe** ßpókojßtwo

## S

**Sache** prédmet, -i; rábot/a, -i
**sagen** káshuwa *(uv.)*; rétsche *(vo.)*; wéli *(vo.)*
**Salz** ßol
**sammeln** sbíra *(uv.)*; ßóbira *(uv.)*
**Sand** péßok
**satt** ßít, -a, -o, -i
**Satz** retschéniz/a, -i
**sauber** tschißt, -a, -o, -i
**sauber machen** tschíßti *(vo.)*
**sauer** kíßel, -a, -o, -i
**Schallplatte** gramófonßk/a plótsch/a, -i
**scharf** óßt/ar, -ra, -ro, -ri
**Scheck** tschek, tschékowi
**Schere** nóshizi
**schicken** íßprakja *(vo.)*; íßprati *(vo.)*; prákja *(uv.)*; práti *(uv.)*
**Schicksal** ßúdbina, -i
**schießen** íßpuka *(vo.)*; gágja *(uv.)*; pógodi *(vo.)*; púka *(uv.)*; pogóduwa *(uv.)*
**Schiff** brod
**schlafen** ßpíe *(vo.)*
**Schlafzimmer** ßpáln/a ßób/a, -i
**schlagen** tépa *(uv.)*; tschúka *(uv.)*; údara *(uv.)*; údira *(vo.)*
**schlecht** losch, -a, -o, -i
**Schloss (Gebäude)** dwór/ez, -zi; sámo/k, -zi
**Schlüssel** klutsch, klútschewi
**schmackhaft** wkúß/en, -na, -no, -ni
**Schmerz** bol; bólk/a, –i
**schmerzen** bóli
**Schmutz** gjúbre; netschißtótij/a, -i
**schmutzig** nétschißt, -a, -o, -i; wálkan -a, -o, -i
**Schnaps** rákij/a, -i
**schnell** b'rs, -a, -o, -i
**Schnupfen** náßtink/a, -i
**Schokolade** tschokólad/a, -i
**schon** wékje
**schön** úbaw, -a, -o, -i
**schreiben** nápische *(vo.)*
**schreiben** píschuwa *(uv.)*
**schreien** wíka *(uv.)*
**Schuh** tschéw/el, -li
**Schuhgröße** broj, brojka, bróewi
**Schuld** dólg, -owi
**Schuld** wín/a, -i
**schuldig** dólsh/en, -na, -no, -ni
**schuldig** wínow/en, -na, -no, -ni
**Schule** utschílischt/e, -a *(Mz.)*
**Schüler(in)** útschenik, utschénizi
**Schüler(in)** utschénitschk/a, -i
**schwanger** brémen/a, -i
**schwanger** trúdna
**Schweiz** Schwajzárija
**Schweizer(in)** schwájzar/ez, -ka, -zi
**schwer (nicht leicht)** tésh/ok, -ka, -ko, -ki
**Schwester** ßéßtr/a, -i
**schwierig** mátsch/en, -na, -no, -ni
**Schwierigkeit** teschkótij/a, -i
**schwimmen** plíwa *(uv.)*
**schwitzen** ße póti
**See** éser/o, -a
**sehen** gléda *(uv.)*
**sehen** wíde *(vo.)*
**senden** íßprakja *(vo.)*; íßprati *(vo.)*; prákja *(uv.)*; práti *(uv.)*
**Seife** ßápun, -i
**sein** négow, -a, -o, -i
**seit** ótkako; od
**Seite** ßtrán/a, -i
**Sekunde** ßékund/a, -i
**selten** rétko
**setzen, sich** ßédnuwa *(uv.)*
**sicher** bésbed/en, -na, -no, -ni; ßígur/en, -na, -no, -ni
**Sicherheit** besbednoßt *(w.)*, -i; ßígurnoßt *(w.)*, -i
**Sie** Wíe, Waß, We, Wam, Wi

**sie (Ez.)** táa, óna, néja, ja, néjse, í
**sie (Mz.)** tíe, óni, niw, gi, nim, im
**Sieg** póbed/a, -i
**Silber** ßrébro
**singen** íßpee *(vo.);* pée *(uv.);* sápee *(vo.)*
**sitzen** ßédi
**so** ónaka; ónolku; táka; tólku; wáka; wólku
**Socke** tschórap, -i
**sofort** wédnasch
**sogar** dúri
**sogenannt** takanáretschen -a, -o, -i
**Sohn** ßín, -owi
**solch** ták/ow, -wa, -wo, -wi
**Soldat** wójni/k, -zi
**sollen** tréba
**Sommer** lét/o, -a
**Sonne** ßónze
**Sorge** grísh/a, -i; gríshliwoßt *(w.)*
**sórgen** ße gríshi
**sparen** saschtéduwa *(uv.);* schtédi *(uv.);* sáschtedi *(vo.);*
**Spaß** schég/a , -i
**spät** dózna
**später** pódozna
**spazierengehen** (ße) próscheta; (ße) schéta
**Spaziergang** próschetk/a, -i
**Speise** jadenje
**Speisekarte** méni
**Spiegel** oglédal/o, -a
**spielen** ígra
**Spielplatz** igrálischte
**Spielzeug** ígratschk/a, -i
**Sport** ßport
**Sportler** ßpórtißt, -i
**Sprache** jási/k, -zi
**sprechen** gówori *(vo.);* sbóri *(vo.);* sbóruwa *(uv.)*
**Staat** d'rshaw/a, -i
**Staatsangehörigkeit** d'rsháwjanßtw/o, -a
**Stadt** grad, grádowi *(Mz.)*
**stark** jak, -a, -o, -i, ßíl/en, -na, -no, -ni
**stehen** ßtói
**stehlen** kráde; úkrade
**Stein** kámen *(w.)* -i
**Stelle** méßto
**stellen** póßtawi *(vo.);* poßtáwuwa *(uv.)*
**sterben** úmira *(uv.);* úmre *(vo.)*
**Stern** dswésda, -i
**Stil** ßtil, ßtílowi
**Stimme** glaß
**stören** prétschi *(vo.);* ßméta *(uv.)*
**Strafe** glób/a, -i; kásn/a, -i
**Straße** úliz/a, -i
**Straßenbahn** trámwaj, -i
**Streichhölzer** kíbritsche
**Streit** káraniz/a, -i; káwga
**streiten** ße kára *(uv.);* ße ráßprawa *(uv.)*
**Stück** pártsche
**Student** ßtúdent, -ka, -i
**Stunde** ßaát, ßáati; tschaß, tscháßowi
**stürzen** págja *(uv.)*
**suchen** bára *(uv.)*
**Süden** jug
**Summe** ßúm/a, -i
**Suppe** ßúp/a, -i; tschórb/a, -i
**süß** ßládok, ßlátka, ßlátko, ßlátki

## T

**Tabak** tútun
**Tablette** ap; áptsche; táblet/a, -i
**Tag** den, dénowi
**täglich** ßékoj den; ßekójdnewen; dnéw/en, -na; ßekójdnewn/a, -i
**Tal** dólin/a, -i
**Tankstelle** bénsinßk/a púmp/a, –i
**Tante** ßtrína; tétka; wújna
**tanzen** tánzuwa *(uv.)*
**Tasche** dsheb, dshébowi; tschánt/a, -i
**Taxi** tákßi *(s.)*
**Telefon** télefon
**telefonieren** telefónira *(uv.)*
**Telegramm** telégrama
**teuer** ßkap, -a, -o, -i
**Theater** téatar
**tief** dlábok, -a, -o, -i
**Tier** dswer, dswérowi; shíwotn/o, -i
**Tochter** kjerk/a, -i
**Tod** ßm'rt *(w.)*

**Toilette**
kloset; tóalet; WC; wéze
**Toilettenpapier**
toáletn/a chártij/a, -i
**tot** m'rtow, -a, -o, -i; úmren, -a, -o, -i
**töten**
úbie *(vo.)*; úbiwa *(uv.)*
**Tradition** tradízij/a, -i
**tragen** nóßi *(uv.)*
**traurig** shal, shálna, shálno, shálni; sháloß/en, -na, -no, -ni
**treffen (begegnen)** ßrékjawa *(uv.)*;
ßrétnuwa *(uv.)*
**Treppe** ßkál/a, -i
**trinken** píe
**Trinkgeld** bákschisch
**trocken** ßuw, -a, -o, -i
**tschüß** tschau
**tun** náprawi *(vo.)*;
práwi *(vo.)*; tschíni *(vo.)*
**Tür** wrát/a, -i

## U

**üben** ísweshba; póweshba; wéshba *(uv.)*
**überall**
naßékade; ßékade
**übermorgen** sádutre
**übersetzen**
prewéduwa *(uv.)*
**Übersetzer(in)** prewéduwatsch, prewedúwatschka
**übrig**
íslisch/en, -na, -no, -ni
**Uhr** tscháßownik, tschaßównizi
**Umgebung** okólin/a, -i
**Umleitung**
prenáßok/a, -i,
**umtauschen**
rasménuwa *(uv.)*
**Umweg** saobíkolen pat
**unbekannt**
néposnat, -a, -o, -i
**und** i
**Unfall**
néßrekjen ßlutschaj
**unschuldig**
néwin, -a, -o, -i
**unser** nasch, náscha, násche, náschi
**unten** dólu
**unter** pód
**Unterhaltung**
rásgowor, -i; konwersázija
**unterrichten** obútschuwa *(uv.)*
**unterschreiben** potpíschuwa *(uv.)*
**Urlaub** ódmor

## V

**Valuta** wáluta
**Vater** tátko
**verabreden**
ße dogówara *(uv.)*
**verboten (sein)** sábranet; sabráneto
**Verbrechen** préßtap, -i;
slóßtorßw/o, -a
**verbringen** pomínuwa *(uv.)*; ßi pomínuwa *(uv.)*
**verdienen** sarаboti *(vo.)*;
sarabótuwa *(uv.)*; ßpétschali *(vo.)*; ßpetscháluwa *(uv.)*
**Vergangenheit**
mínato; mínatoßt *(w.)*
**vergessen** sabórawa *(uv.)*; sabórawi *(vo.)*
**Vergnügen** sadówolßtwo
**verkaufen** pródawa *(uv.)*
**verletzt**
powréden, -a, -o, -i
**verlieben, sich**
ße saljúbuwa
**verliebt**
sáljuben, -a, -i; wljúben, -a
**verlieren**
gúbi *(vo.)*; isgubi *(vo.)*; isgúbuwa *(uv.)*
**vermieten**
ísdawa pod náem
**Versicherung** oßigurúwanje
**verspäten, sich**
dózni *(vo.)*
**Verspätung** dóznenje
**versprechen**
wéti *(vo.)*; wétuwa *(uv.)*
**verstecken**
kríe *(vo.)*; ßkríwa *(uv.)*
**verstehen** rásbira *(uv.)*
**versuchen** íßproba *(vo.)*;
ißpróbuwa *(uv.)*; próba *(uv.)*; ße obíduwa *(uv.)*
**verteidigen**
bráni *(vo.)*; ódbrani *(vo.)*;
odbránuwa *(uv.)*
**Vertrauen** dówerb/a, -i
**verursachen** prítschini *(vo.)*; pritschínuwa *(uv.)*

**viel** mnógu
**vielleicht** móshebi
**Vogel** ptíz/a, -i
**Volk** národ, -i
**voll** póln, -a, -o, -i
**vollenden** sáw'rschi *(vo.)*; saw'rschuwa *(uv.)*; pr`w'rschuwa *(uv.)*; príw'r-schi *(vo.)*
**vorbereiten** podgótwuwa *(uv.)*; ße gót-wi *(vo.)*; ße ßpréma *(uv.)*; ßpréma *(uv.)*
**Vormittag** prétpladne
**Vorname** íme
**vorne** nápred; pred
**Vorschlag** pédlog
**vorschlagen** prédlaga *(uv.)*
**vorstellen, (sich)** (ße) prétßtawi *(vo.)*; (ße) pretßtáwuwa *(uv.)*; (ßi) sámißli *(vo.)*; (ßi) samíßluwa *(uv.)*

## W

**Waffe** óruschje
**Wagen** kól/a, –i
**wählen** bíra *(uv.)*; ísbira *(uv.)*; ódbira *(uv.)*
**wahr** wíßtina
**wahrscheinlich** najweró-jatno; werójatno
**Wald** órman, -i; schúm/a, -i
**Wand** dsid
**wandern** ódi pesch; péschatschi *(vo.)*; propéschatschi *(vo.)*
**Ware** ßtók/a, -i
**warm** tóp/ol, -la, -lo, -li
**warnen** predupredi *(vo.)*; predupréduwa *(uv.)*; ße tschúwa *(uv.)*
**warten** pótscheka *(uv.)*; prítscheka *(uv.)*; tschéka *(uv.)*
**warum** sóschto
**was** schto
**waschen** pére *(uv.)*
**waschen, sich** ße ísmiwa *(uv.)*; ße míe *(vo.)*
**Wasser** wód/a, -i
**Watte** wát/a, -i
**wechseln** ménuwa *(uv.)*; rasménuwa *(uv.)*; samé-nuwa *(uv.)*
**wecken** búdi *(vo.)*; rásbudi *(vo.)*; rasbúduwa *(uv.)*
**Weg** pat
**wegfahren** otpátuwa *(uv.)*; samínuwa *(uv.)*
**weiblich** shenßki; shénßtwen, -a, -o, -i
**weinen** plátsche *(uv.)*; sáplaka *(uv.)*
**weit** dáletsch/en, -na, -no, -ni
**wenig** mál/ku, -ze
**wer** koj
**werden** bíduwa *(uv.)*; ßtánuwa *(uv.)*
**Westen** sápad
**Wetter** wréme
**wichtig** wáshen, -a, -o, -i
**wie** káko
**wieder** ódnowo; pak; pówtorno
**wiederholen** pówtori *(vo.)*; powtóruwa *(uv.)*
**wieviel** kólku
**Wind** wéter
**Winter** síma
**wir** níe, naß, nam, ni, naß, né
**Wirkung** déjßtwo; wlijánie
**Wirtschaft** ßtópanßtwo
**wissen** snáe *(vo.)*
**Wissenschaft** náuka
**wo** káde
**Woche** nédel/a, -i; ßédmiz/a, -i
**woher** od káde
**wohin** káde; na káde
**wohnen** shíwee
**Wohnung** ßtan, ßtánowi
**wollen** ßáka *(uv.)*
**Wort** sbór, -owi
**Wörterbuch** rétschni/k, -zi
**Wunde** rán/a, -i
**Wunsch** shélb/a, -i
**wünschen** pósheli *(vo.)*; poshéluwa *(uv.)*

## Z

**zahlen** plákja *(uv.)*
**Zahnarzt** sabolekar, -i
**Zahnbürste** tschétka sa sábi
**Zahnpasta** páßta sa sábi
**zeigen** pokáshuwa *(uv.)*
**Zeit** wréme

**Zeitung** wéßni/k, -zi
**Zelt** schátor
**Zentrum** zéntar
**zerstören** únischti *(vo.);* unischtuwa *(uv.)*
**Ziel** zel *(w.)*, -i
**Zigarette** zígar/a, -i
**Zigarre** púr/a, -i
**Zimmer** ßób/a, -i
**Zoll** zárina
**zu Fuß** ódi pesch
**Zucker** schekjér
**zufrieden** sadówol/en, -na, -no, -ni
**Zug** wos, wósowi
**zurück** násad
**zusammen** sáedno
**Zustand** ßóßtojba
**zuviel** prémnogu
**zuwenig** prémalku
**Zwang** naßílie; prínuda
**zwischen** mégju

# Die Autorin

**Elena Engelbrecht**, Jahrgang 1951.

Es soll sich niemand wundern, dass ich in Bulgarien geboren und aufgewachsen bin und trotzdem (oder deswegen) dieses Bändchen „Mazedonisch – Wort für Wort“ geschrieben habe. Mit viel Freude und Neugierde. Es soll nur eine Bestätigung sein, dass Makedonier und Bulgaren vieles gemeinsam haben: die gemeinsame Geschichte, dieselben Nationalhelden, Kultur und Lebensphilosophie, Sitten und Bräuche, das kyrillische Alphabet und eine eng verwandte Sprache – und nicht zuletzt die sprichwörtliche Gastfreundschaft. Das, was uns so gleich macht, soll uns menschlich doch nicht trennen.

Es möge derjenige, der das Büchlein in der Hand hält, gleichsam den Schlüssel besitzen, um die Makedonier hautnah zu erleben, sie verstehen und lieben zu lernen.

Von mir ist im gleichen Verlag „Bulgarisch – Wort für Wort“ erschienen.